鸢回头

刀尔登 著

山西出版传媒集团 山西人民出版社

图书在版编目（CIP）数据

鸢回头 / 刀尔登著 . -- 太原：山西人民出版社，2020.6

ISBN 978-7-203-11436-9

Ⅰ . ①鸢… Ⅱ . ①刀… Ⅲ . ①孔丘（前 551- 前 479）—哲学思想—研究②老子—哲学思想—研究③庄周（约前 369- 前 286）—哲学思想—研究 Ⅳ . ① B222.25 ② B223.05

中国版本图书馆 CIP 数据核字（2020）第 079707 号

鸢回头

著　　者：刀尔登
责任编辑：王新斐
复　　审：贾　娟
终　　审：李广洁

出 版 者：山西出版传媒集团 · 山西人民出版社
地　　址：太原市建设南路 21 号
邮　　编：030012
发行营销：010-62142290
　　　　　0351-4922220　4955996　4956039
　　　　　0351-4922127（传真）　4956038（邮购）
E-mail：sxskcb@163.com（发行部）
　　　　sxskcb@163.com（总编室）
网　　址：www.sxskcb.com

经 销 者：山西出版传媒集团 · 山西人民出版社
承 印 厂：北京汇林印务有限公司

开　　本：870mm × 1120mm　1/32
印　　张：7
字　　数：150 千字
版　　次：2020 年 6 月　第 1 版
印　　次：2025 年 9 月　第 9 次印刷
书　　号：ISBN 978-7-203-11436-9
定　　价：48.00 元

目录

前　言

这篇前言，是在“特殊时期”写下的。城市从来没有像今天这样安静，微信——几乎所有人，包括我在内，使用的信息工具——从来没有像今天这样喧嚣。画地为牢的人们，记录、评论、传播、争吵、詈骂、哭泣、赞美、抱怨，那些一贯的价值冲突，比平日更加激烈；一些平时潜流在日常议题之下的话题，这些日子，获得了注意；一些本来分散在零星事件中的、本来在生活的丰富细节中柔和了的，也显露为原则性的话题，集中在对特定事件的讨论中。

如果去掉强度的因素，“特殊时期”也不怎么特殊。无论是个人选择还是“时代”选择的核心，处境似新而旧，问题亦如是，我们迎面撞上的仍然是那些事情，那些纠缠国人四十年、一百年、一百五十年的事情。如果有什么不同，也只是那些选择在此刻显得更加明显，就像人们的分歧更加明显一样。多年来，选择早已明显而且持续明显，只是我们总能找到各种借口、各种实际的机会，来回避它们。同样，没有什么事情能够保证几个月后，我们不会重新回到那种状态中；没有什么因素——至少我没有看到——预示风平浪静之后，在这些方面，中国会与以前有什么不同。是的，有些人改变了，有些社会政策调整了，满意的更加满意，不满意的更加不满意，但哪一天不是这样呢，哪一天不是同时发生着进步与倒退，哪一天没有机会，哪一天没有希望，哪一天没有把机会变成代价，把代价埋入越来越深的地穴，哪一天不曾把希望变成幻想，把幻想放在越来越远的天际？一个社会，完全有可能承受每日的新变与偶尔的巨震，而保持它的基本面貌：权力能做到的事情，风俗也能做到；意识形态能达到的成就，日常价值体系也能达到。

　　这本不像样子的小集，按现在的分类，是讨论“传统文化”的。“文化”“传统”，都是有魔力的字眼，但我们不能仅靠着把这些字眼塞到句子里，就指望这句子因此拥有意义，不能仅靠着把几个字眼放到同一个句子里，便宣称在它们之间建立了什么联系。我们早知道，不能因为一个人满口仁义道德，就推论他一定是个德行可嘉的君子；我们也知道，不能因为看到的“文化”或风俗，里边充斥着高尚的格言——实际上，每一种风俗都有这种特征——便判定我们来到了君子国。每一个人的行动法则，一大部分是在学习如何追求利益的过程中确定的，受制于权力的特征、风俗的性质，只有一小部分是从流行的教条习得的。如果一个社会，追求利益需要背离这些教条，那么大多数人，或大多数场合中的我们，是不会犹豫的；同样，大多数人，也不会承认自己有违伦理的一般原则。于是我们有可能看到，原则仍然盛行，在话语中的地位不受撼动，但只是一具空壳而已，因为伦理最基础的东西被机会主义或别的什么权宜之计侵蚀或干脆替换掉了；如果这样的事情发生了，那么，越是教条盛行的社会、越是以礼义自命的城邦，这些教条或礼义越是空洞。

以孔子为例。若使用我们今天的定义，他不是哲学家，这并不等于说他没有抽象的思考，只是这种思考如果是不连贯的，很难称得上是哲学工作。然而，孔子并不生活在今天，在他的时代，思想的工具是稀少的，而且那是动荡年代、旧制度失效的年代，新的制度，不但在任何王国里，即便在那个时代最激进者的思想海平线上，也不曾露出一角帆影，所有为后人所知的智者，都把兴趣放到时代本身的问题上，连老子和后来的庄子亦如此，孔子更是如此。是否适合哲学家这一头衔并不重要，孔子的遗产最中心的部分，是讨论一个人如何保持道德的完整，不论是在乐地还是在逆境。他言必称君子，用今天的话说，就是做一个高尚的人，“高尚”这个词，现在几乎成了一句讽刺的话，那么换句话说就是，孔子教导人做一个体面的人。

很少有人不承认，孔子塑造了中国文明的一些文化特征。但是这些特征究竟为何，是否符合孔子的本意，历代对孔子不停地重新解释如何与时代风尚相互作用，权力在其中扮演的角色，士大夫的坚守与背叛在何种程度上使孔子的相应教导或者变得模糊，或者变得尖刻，以他们为中介，孔子的伦理又是如何渗入下层，在与日常生活，特别是日常生活中苦难与低贱的碰撞、验证中，发生了哪些变形，都是需要观察的。还有个体，一个个时代里的一个个人，在漫长的嬗变中如何承担后果，如何从孔子的教义（被重新解释过的）中得到安慰（或有时接受压迫），如何被固定在难以撼动的话语体系中，又如何与此同时，通过对利益的追逐一点一点地瓦解孔子，也是需要观察的。

我们看到，孔子的教训，越到后世越是虚弱。有人说孔子是道德的立法者，我同意，只是如果法度高高在上，地上的人一边示以虚伪的敬意，一边各行其是，谁有办法呢？

假如有一个人在这里，言必称孔子，然而孔子说“丘也幸，苟有过，人必知之”，并不能阻止他与此相反，擅长的是文过饰非，便是给捉到手腕，也死不承认。孔子说“人而无信，不知其可也”“恶夫佞者”，不能阻止他身段灵活，一样的事，今天则可，明天则否，我施于彼则可，彼施于我则不可，总之但以私利衡之，口里却说公理。孔子说“其争也君子”，不能阻止他一逢小隙，谩骂当先，群殴继之。孔子说“不念旧恶，怨是用希”，不能阻止他日恚夜恨，别人有一点点对不起自己的事，要记上几十代，日夜念诵；自己对不起别人的事，一概不承认。孔子说“富与贵是人之所欲也，不以其道得之，不处也”“不义而富且贵，于我如浮云”，不能阻止他讲究发财才是硬道理，富贵不骄吝如衣锦夜行。孔子讲“君子喻于义，小人喻于利”，不能阻止他斤斤计较，就像收份子钱的，谁给了他多少物事，谁少给了几文，一一比较，前者过后即忘，后者则永铭在心。孔子说“见贤思齐焉，见不贤而内自省也”，不能阻止他升米恩斗米仇，见不贤如得至宝，必百般挤踏以见高明；见贤则嫉恨交加，喧诋以求意平。孔子说“绝四：毋意、毋必、毋固、毋我”“道听而途说，德之弃也”，不能阻止他对于己不利的事实闭目不视，对合胃口的谎言原单照收，不求增长见识以扩展理解力，然后对超过自己理解力的一律斥为无稽，坐井观天以为乐，冥顽不灵以为勇，自己不堪，就觉得天下无非不堪。孔子说“好行小慧，难矣哉”，不能阻止他看了一本三十六计，便以为可运天下于掌，愚昧到自以为聪明的程度——假如有这样一个人，宣称道德高尚、世无伦比、至圣嫡系、亚圣血亲，您会怎么看他？又会怎么理解孔子的影响力？

这涉及我们挂在嘴边的“继承”，到底是什么意思。按我的理解，传统的核心，是那些我们不会注意到的东西，就像鱼不会注意到水一样，并不是我们感受不到，而是这些感受对我们来说如此习以为常、如此分散，我们不会，也很难将抽象概念施诸其上。而那些我们注意到的部分，赋予概念之后，就方便了所谓的“提倡”和“批判”，尤其方便改造，革新或变乱、利用或滥用，人们把这些概念放到伦理的结构里，更放到权力的结构里，最后失去本来面貌，成为异己的力量。

孔子对中国日用伦理的影响，渗透到每一方面，每一个人，从牙牙学语开始，便浸润在这种影响中。不读书的人，也能随口说出他的教训，或虽不知其详，一举手投足，也逃不出他参与建设的价值体系。只要一与人相接，想不继承也做不到，即使努力背离之，也在继承着他参与设定的出发点。然而，当孔子的学说从背景来到前台，像鱼被从水里捞出，从历史上抽出，在概念中旅行一圈，皇帝定准，经学家诠释，儒官推行，乡下先生教授，最后以新的姿态重新进入历史，这时的继承是什么意思呢？

任何传统的，都是当代的。我的意思是说，任何可以追溯的、历史性清晰可辨的行为和思想、语言与风俗，都通过当代制度而呈现。比如尊师重教，是一项非常好的传统，然而这样一种可贵的风俗，像任何“传统”一样，不能仅通过自身而存在。当然，不管“传统”或对传统的解释多么经常地成为争论的战场，正如“打倒孔家店”无助于解决一百多年前的问题，不应该指望通过改造“传统”来解决当代问题；在讨论当代问题时，这一概念几乎总是一种多余的实体，它所指的东西，已经包含而且无法不包含在其他叙述里，此时再新建额外的抽象，只会增加而不是减少困惑。

此处也许是适当的地方，来声明一下，这本小册子是以读者而不是讲解者的身份仓促写成。之所以要特别说出，不仅是因为我的学识远不足以有资格充当后者（我已有二十年没认真读过旧籍，即便当年读时也是浅尝辄止），更因为我与拟想的读者一样，都是水中的鱼，没有上岸，都是湿淋淋的，没有达到也没有指望达到那种精神上的干燥。阅读，特别是沉浸的阅读，是美好的事情，一本书，一本旧书，一本从历史中探出本身的书，能让人仿佛挣脱了时间的牢笼（有人可能会争辩说，过于沉浸，会进入另一个时间牢笼），虽然这大概只是幻象，但谁会不同意，即使如此，也是美好的幻象呢？可惜的是，合上书本，无法不回到当前，而我们刚刚从地府召唤起的幽灵，刚刚还在谈笑风生的幽灵，立刻如泥委地，消散在历史中。对于寻求自己的问题或当代问题的答案的读者来说，这未尝不是坏事，因为历史中藏有我们的问题的部分答案，而我不大相信，旧日的创造，能以其原本的身份提供什么。

《老子》是很好的例子。如果我们不将其视为历史的一个细节，而试图将其看作超历史的文本，会发生什么呢？任何一本书的任何听众，都是作者认识的人，这里，所谓“认识”，指的是作者能够想象、能够部分地理解的人——这是个粗糙的表述，也许应该说，你的头脑，对作者来说越遥远，作者的本意，离你越遥远。对此，一个明显的反驳是，语言是公共的、历时的，但如果我们将语言的这种特性，看成是作者不得已的采用，而不是主动的选择，事情也许更清楚一些：我们这些属于遥远后世的不请自来的“读者”，与老子只有非常稀薄的联系。是的，我们使用相近的语言，我们都是人，然而除此之外，似无其他，我们自以为的密切联系，并不发生在我们与老子之间，而是由我们与老子中间的两千多年里发生的一系列事情虚构的。

老子个人的思维娱乐（“娱乐”这个词在有些人眼里是对老子这样的形而上学家的贬低，但我是在称赞），是如何成为后世不断去依赖的基点的？或者，我们把这个问题简化一下，来问时至今日，为什么还有很多人，或直接或间接，或主张或跟随，相信知识的终点（假设是可能的）不在我们的身后，而发生在我们的生前？为什么近代以来，有些人面前明明摆放着更有效的世界观，而且他们明显地在绝大多数活动中实际遵从着这有效的世界观，执行着从中衍化出来的无数技术性准则，享受着它带来的所有好处，同时又宣称自己信仰的是另一种世界观，另一种与我们的实际生活没有任何可信的牵涉的抽象理论？因为我看不到这另一种哲学能给它的鼓吹者建立任何实际的生活方式，我只好认为这种信心之发生是出于对抗，这种对抗显然不是发生在哲学思维中，而是发生在我们很难说清，因此或称之为“文化”的身份迷雾里；或者，说得简洁痛快一些，因为这自我赋予的身份是由权力发动、自上而下的，这种对抗也可以说是政治的。

说到权力，《庄子》的光辉便出现了。先秦诸子中，我认为《庄子》是最值得阅读的，遗憾的是，它的语言也是最费解的。好在现代有很多不错的注本。我尤其推荐那类着重文本诠释，尽量少地从事哲学解释的注本。

同样一本《庄子》，对有些人是闲适的，对有些人是愤怒的。如果单是一种，它的命运早已不同。拥有文学性的作品，就这样令人苦恼。我的意思是，令有些人苦恼，在他们眼里，《庄子》是可疑的，但如果将禁毁的尺度下探到《庄子》这样的书，世上的书也不多了，何况人们喜爱《庄子》的修辞，喜爱里面的有趣故事，喜爱行文的机智和拙朴。

综上所述，在《论语》《老子》与《庄子》中，我最推荐的是《庄子》，因为它最濒危。

孔子

美好社会的向往者

孔子是很好的人，但“传统文化”中的孔子不一定是；《论语》是很好的书，但“传统文化”中的《论语》不一定是。

我们在读什么？

不妨站在今天人类的立场，想象一下我们与两千五百年后人类的关系。我们大约会在两种担忧之间徘徊。第一种担忧，是彼时的人类几乎忘记了我们，尽管他们仍然是我们在生物学意义上的直系后代（但愿如此，然而谁能保证不出现其他情况呢？而且这需要进化论在那时仍然有效），但在社会意义上，文化或哲学上，甚至在科学史中，他们对我们的光荣成就弃若敝屣：我们日常念诵的伟大名字，“如泪水消失在雨水中”，只有最显赫的几个，尚保存在历史教材中，却只是在几本最为厚重、只有学者才会光顾的历史书中；我们的连绵战争以及伴随的血汗和歌谣，给缩写为书中的一页，我们引以为豪的科技成就，被形容为粗糙的工具；我们自以为相当成熟的世界观，哲学或物理学的，挤入历史书的首章首节，给漫不经心地贴上“原始”标签；还令我们伤心的，是他们明明继承着我们的经验，却对我们辛辛苦苦总结及传递的生活制度，我们视如瑰宝的格言，我们的教训、禁忌和伦理，以及把一切融合起来的风俗，或者一无所知，或者满不在乎，或者当作猎奇的对象，只留在追求奇异风格的酒吧的墙饰上（假设酒吧这一伟大事物会流传到那个时候）。

第二种担忧与此相反。哪一种未来更可怕，是前面形容的，还是另一种对我们来说亲切然而绝望的景象？设想两千五百年之后的人，在拥有我们无法想象的先进技术的同时，仍然保留我们这个时代的大多数愚蠢和偏见；仍然歧视或仇恨与己不同的人；仍然用火把和石头对付让他们恐惧的先知；仍然同我们一样绞尽脑汁，把珍贵的智力用于如何在队列中占些便宜；仍然头脑薄弱而意志坚决，无视明明可以依赖的知识与教训。这不是不可能的，实际上，在我们之前，世界上曾有许多区域，两千年里没有发生什么实际的进步。我们甚至不知道，停滞与进步，哪一种更是人类的常态。

比如说，我和嬴政在地狱相遇，如果不考虑语言，特别是语音的障碍，我们一定能够交流，不需要很长时间，我就能知晓他的宫殿，他就能理解我的笔记本电脑，因为在这些工具的后面，我们熟悉的风俗制度，相差不远。那么，与两千五百年之后的人呢？但愿不会这么容易交流。

我绝不是在暗示孔子时代与今天的距离不像想象的那么远，实际上，两千五百年对现在的人来说，是个相当大的跨度。两千五百年前，整个地球上的人口大概不到一亿，而且在欧亚大陆和撒哈拉以北的非洲之外的地方，人类互相隔离，互不知道其存在。无论是在地理还是在非地理意义上，孔子的世界只是我们世界的一小部分，作为一个总结者，他的教谕，即使是曾经有效的那一部分，是否仍然有效，在什么范围里有效，肯定不是自明的。

假设我们知道今天某个人的著作，某些规定性的解释，在一千年或两千五百年后，仍被奉为金科玉律，我们是应该欢喜还是应该悲哀？这是个不易回答的问题，因为人类的社会生活，确实有一些是难以（如果不是永不）变化的，那么，在这些方面的经验，将长期有效。不过同时我们可以注意到，这些方面的智慧，并不是人类智慧中最精华的部分，实际上，任何时代的人都能够独立地产生这样一批经验，在这些地方，我们之所以使用古典的格言，主要的原因不是我们必须经由前人的教导，而是我们乐于采用现成的表述。

第一批集中解释孔子的儒者出现在西汉前期，去孔子大约有三四百年。他们的时代与孔子时代的差别是相当大的，不过为了将孔子学说建立为普适的，特别是适用于汉代的教义，一些差别被抹杀了，而自汉代以降的两千年里，中国社会的演化异常缓慢，如果不是佛教的传入，作为读者，我们大概更难感受到明显的精神变迁。

孔子的时代问题，便一直给确定为一件不存在的事情，他的形象，超越时代，像每个人的邻家老人。

然而他不是。他生活在两千五百年前，活动在黄河中下游地区，登过的最高的山是泰山，欣赏过的最美音乐是名为“韶”的宫廷乐舞，喜欢精致的食物，讨厌粗野的人。他是一个智者、有德行的人、搜集书籍的人、长寿的人。他是时代的教师、君主的宾客，由于不谙权术，没有成为他想成为的政治家。他关心的中心问题也是春秋时代很多人的共同理想，即建成一种很少纷争、秩序井然的合理社会。他提出了自己的社会目标，用伦理语言予以形容，至于如何实现，他也想不出办法（复古主义本身就证明着没有办法）；所以《论语》的精华不是政治，而是合理的个人生活、德行的个人实践，如何与世风对抗又不陷入激烈危险的情绪。

《论语》这本小册子，是他的弟子所记录、回忆的孔子言论集（附有另几位高足的言论）。我们这样的普通读者，却很难保持对这些基本事实的注意。《论语》的显赫地位，它的流传史，它对汉语的渗透，都使我们倾向于忘记这是一本生活在两千五百年前的一个人的日常谈论的零星记录。

儒家在战国至汉初的胜利，不在于他们在辩论中处于上风（可以参考好辩的孟子对竞争者的批判，那大多是浅薄的），不在于他们的政治理论更深刻完善（特别是相比法家而言），而在于他们比其他派别更广博、包容，善于改造他人的理论，而最重要的一点，是人多。孔子无意中建立了最大的门派，在政治上，这一派别在很长时间里没有清晰的面目和明显的参与，但继承着孔子的风格，也由于他们的出身，他们几乎垄断了对既有的礼乐制度的解释（而另一些激进的派别不屑于此），民间的图书，也大半在他们手中；君主转过头去时，战国的儒者转而向失意的同行传播自己的声音，蛰伏在战火中，等待机会。当天下厌倦了纷争，君主寻求一种有威严的平静时，他们的保守特征便闪闪发光了。

《论语》是儒家的经典，儒家需要孔子来充当精神上的王，没有这样一位教主，儒家不过是图书馆员和保守派官吏的混合体，很难在王朝的频繁更替中维持自己。两千年来，国灭了又兴，人生了又死，唯孔子不朽。孔子的政治目标是乌托邦式的，甚至可以说是非政治的，至于途径，他并没有给出可能会令后世的尊奉者为难的具体建议，作为日常语录的《论语》，因为语境往往不明，更是易于引用，易于解释。这些都使孔子成为友好的工具，孔子的地位高，大家都欢喜。

阅读《论语》，对当代读者便成为一件两难的事。我们往往不知道我们在读什么，是《论语》本身，还是一部《论语》的接受史。用个粗俗的比方，像从沸腾的火锅里取食一粒诱人的肉丸，它沾满辣椒和牛油，纠缠着蔬菜，饱浸香料的味道。我们吃到的是什么？而且，即使能够去掉这些附加之物，我们真的会喜欢本来之味吗？

也许最好的读本只有简要的语义解释。然而，我们希望简要，同时又希望解释能帮我们理解孔子的问题和苦恼，总之建立起他的环境（没有这个，《论语》就像《名贤集》了），这是彼此冲突的。更不用说《论语》里那些暧昧、引争议的语句和未得充分表达的学理，怎么可能有纯语义的训诂呢？

对当代读者来说，幸运的事情不是发生在《论语》阐释上的进步，甚至不是因为新鲜出土的文本可以映照《论语》以前一些模糊之处，而是发生在我们身上的进步。我们有机会训练出新的阅读方式，既不追求形而上的原始语义，也不将《论语》当作跨越之作。我们完全可能用个人的方式来阅读，同时保持在传统的轨道上，这种伴随着历史感的个人阅读，对我们不应该是很难的事。

做一个可怕的假设。假设《论语》这本书，在下个星期的什么时候突然消失了，我们会怎么样？我的猜想是，几无感觉。原因之一，是《论语》已经渗入我们的文化，特别是语言，它的影响早已不依赖独立的文本；原因之二，是《论语》与现代生活的距离是遥远的，有时我们觉得《论语》中的命题和论断常读常新，如在谈论我们眼前的事，那不过是因为人类生活状态的延续造成了《论语》的这种适用特征，这并不是它的精彩之处，反倒是里面一些平淡无奇的部分。在人类永远不可能解决也不需要解决的问题上（如对人要不要和气，和气到什么程度），《论语》有一些很好的处理建议，但对一些人类必须解决以获得进步的问题，遥远的孔子没有回答的责任。

所以，对于要不要读《论语》，如何阅读《论语》，我个人的最后回答是：不妨读之，最好是用轻松闲适的态度读之。这听着是把《论语》归到消遣读物，大不敬，有人会生气的。我认为孔子是伟大的人，《论语》是严肃的作品，但还是松开眉头，读来消遣吧。

要不要让孩子读《论语》？

标题如果写得再详细一些，应该是：如果你有个念初中的孩子，要不要让他阅读《论语》呢？

这个问题看起来很简单。我们会说，读也可，不读也可；我们可以把《论语》掷到孩子面前，后面的事，就看他的兴趣了。不过，平均而言，一个十三四岁的初中生，会自发地对《论语》有兴趣，不是常有的事。便是在古代，已经开蒙的学童，念到四书，往往还要昏昏欲睡，成年之后，忆起这段经历，恨到牙痒，不敢非议孔圣，迁怒于编教材的朱子的，也颇有人在。

之所以说初中生，是因为小学生通常不会去努力理解《论语》这类课本的文义，《论语》也好，别的什么也罢，对他来说不过是些字词的堆砌。父母自然可以强迫他背诵一些句子，那只不过是给未来的功课做些伏笔，顺便消磨一些对读书的兴趣，如此而已。至于语感的培养，虽说越早越好，但第一，《论语》并不是符合这种目的的适当读本，第二，机械的灌输绝不是最好的途径。

我绝不相信一个黄口小儿会打心眼里喜欢哇啦哇啦背诵他所不理解的东西，不然，世上怎么会有糖果与戒尺？当然，小学生没到青春期，乖乖地听话，这是最适合灌输的时期，您就算强迫他背诵点什么，甚至《论语》，也不会影响家里的太平气象，他至多将不满藏在心里，等反叛期来临时再一起向父母算账。

至于高中生，已经有能力为自己选择读物，不劳父母费心了。

初中生正当睁开眼睛看世界的年岁，他的兴趣像藤蔓一样四处爬伸，有时缠绕住一种事物，有时一触便离开。他品尝各种滋味，形成自己的口味；他观看他人的表达，以鼓励或压制自己的情感；他模仿所有，来找成人世界的入口。他像一个贪婪、急切而且不择手段的程序员，四处拷贝别人的代码，以凑成自己的世界版本，而他的个性，正等待发生。有些书令他发展自己的见解或情感，却往往羞于发布，除非是积攒至盛，才被我们视为轻狂的表达；有些书，他想那既然对成人是重要的，想必有大道理在里面，或者有些用处——其实他本来并无兴趣，而在这类勉强的阅读中，谁也无法判断，他收获的是什么，他的接受与抵抗到底是什么比例。

再说我们做父母的。向未成年人推荐读物，本身就是冒险。我们采取哪种方式呢？我们固然可以用保守的姿态，将各种书本不加分别地摊在他面前，有点像抓周，任他采撷，但这样做，未免抛弃了我们的责任。有人反对干涉，我不知道这样的人，一旦为人父母，看到孩子被色彩鲜艳的封面吸引，或者把手伸向他明知其为不值一读的书，会不会暗中着急，会不会另动心思，将他认为有价值的读物，摆在更显著的位置，或使用其他一些伎俩。如果父母把书买到家里，那时已经按自己的喜好过滤一遍；如果带孩子到书店，会不会用价格、版本等理由拒绝孩子的索要呢？在我看来，父母依据自己口味以及对孩子的期望为其选择读物，这本身毫无过错，理由之一是在我们所议论的年龄上，孩子并不会全盘接受父母的塑造，家庭不是监狱，学校和街道也不是。如果因为处处存在的强迫与诱导，有人将所有成长环境比喻为监狱，那也无妨，因为这样的监狱有无数种，其间的歧异足以让少年人拥有发展的自由。如果将来孩子没有成为我们所期望的人，我们用不着为当年诱使他阅读过某一本书而后悔，因为没有一本书有那样的能力，使人不再有自我纠正的机会。我们所要小心的，不是引导孩子的资格，而是在这样做的时候，或之前，考察一下自己的口味，特别是考察一下自己的口味是否在中年之后变得狭窄了。

　　我们或许采取激进的办法，毫不掩饰地劝诱甚至强迫孩子读某些书，特别是那些我们从自己的经验中知道，即使怀着厌恨之心，阅读后也将受益的书。这样做时，我们指望有朝一日，孩子会感谢我们，或者即或不然，他也被影响了，按照我们期待的方式。老穆勒教儿子，便是这种办法。约翰·穆勒回忆幼时，感情是复杂的，不过他不是个喜欢心理性叙述的哲学家，也不会自我分析哈莉特·泰勒在他的人格发展中起的作用，而我们，看到穆勒家的成功例子，大受鼓舞，耳提面命时一点也不畏缩，而将孩子的感受，一概视为临时的荷尔蒙分泌混乱，就不是什么难事了。

多数人走中间路线，免于过度控制的风险，也承当应有之责。然而，在这种方针下，为孩子购买、推荐著作，不但没有省心，反而更费思量。前两种家长，或者以丰富的名义，随意买一批书即可，或者只考虑自己的意愿，干脆从书架上选出自己喜爱的书，搬到孩子的卧室。而既不愿把孩子的成长交付靠不住的运气，也不想限制他的内心发展的父母，难免对有些书犹豫起来。

幸运的是，不是所有的书都需要再三掂量。多数读物，本身的性质并没有在流传的过程中给埋没、扭曲；或者，一些书自身足够强壮，如同有自我清洗的功能，里面的故事或道理，足以克服简介或序言所代表的先入之见，洗掉一代代读者或研究家设下的装饰。即便（或尤其）对少年来说，丰富生动的细节和显豁晓畅的论述，因其朴素而拥有吸引力，作为父母，正可放心地将书推荐给孩子，而且，这样的书是很多的。

然而《论语》并不是这样的书。

我们想一想，为什么要将两千多年前的，用早期汉语写就的一本书推荐给孩子？我们会说，因为《论语》是大名著啊！是的。而麻烦就在这里。

让初中生读《论语》的第一种理由，最浮浅然而又是最无可挑剔的，是想让孩子出口成章。《论语》是古代第一名著，会说几句“子曰”，无论如何算是古典修养。这种实用的目的，没人可以反驳。当然，如果仅作此图，小学时期背诵《论语》似更有效。

第二种理由，是认为《论语》中富含人生智慧，有数不清的格言，从小记诵，一可指导自己的生活，二可拿来评判别人，可以说得别人直翻白眼，一时难于辩驳。这是我所担心的。我不反对使用前人经验所凝集的训诫、教条，来减轻思维、判断的负担，来使自己的生活更轻松些，但正确借用这些智慧，前提是对人类个性和生活的丰富性有所了解，不但要了解，最好还要由衷喜爱、感谢这种丰富性。而任何训诫和教条，不管多么睿智，作为简化的模型，无法覆盖曲折枝蔓的实际生活，如果没有丰富感受的平衡和缓冲，以一句优美的格言，来伤害别人，或伤害自己，是轻而易举的事。可以想象，在某种心灵中，世界不过是一条条经线和纬线，背离它们，事物或者不存在，或者令人厌恶，而实际上，不管这些经纬线可以画到多么细密精确，它们不能描述的，永远多于能够描述的。我见过有的人，年岁渐长，心里堆积之物越来越多，慢慢地密不透风，这也许是自然进程，但说到少年，从小便入对人对事轻下断语的格局，似非福事。当然，这种理由是针对某种期望而言，如果有人希望孩子成为某一类坚决的人，成为视细节如累赘、对自己信心永存、对他人快刀斩乱麻的豪强之士，也许从小读《论语》，特别是将《论语》作为武库，未尝不是一个途径。

第三种理由，也是现今所流行的，是以《论语》为“传统文化”的核心，让孩子从小学一点“传统文化”，似乎是应有之义，而《论语》正当其冲了。这个话题太大，我不知说什么好。所敢贡献的一点意见是，孔子是很好的人，但“传统文化”中的孔子不一定是；《论语》是很好的书，但“传统文化”中的《论语》不一定是。当然，热心“传统文化”的人，是不大介意什么好不好的，所以我这也是在说废话。

其实，我自己有推荐孩子读《论语》的理由。其中之一，是趁孩子还小时，接触一些原始文本。《论语》是这样的书：在流传的过程中，几乎每一句话，都被无数次引用、引申、解释，纳入各种理论，与各种权力结合，用来赞美人，用来迫害人，用来使生活更好，用来使生活更坏。人类在过去，我们在今天，孩子在未来，这样的事情永远在发生。我们接触到的每一种“事实”，鲜不经过无数人的修饰；每一种“真相”，鲜非师心自用的描述。然而，这不等于事实不存在，不等于没有真相。在互联网上，各种意见潮涨潮落，各自声称正确，往往也各有其正确之处，何择何取？什么是主流意见，什么是权威，什么是我们可以信赖的，什么又不是？一件事发生了，是好是坏，我们听谁的？明天又将发生什么，物理学家如此说，经济学家如彼说，哪一个领域对其他领域更有解释力？特别是，每一种理论工具如果是有效的，那也只是在其工作于事实之上时，而一种叙述，我们如何知道它与真相的距离呢？《论语》是很好的例子，如果少年时阅读过活的文本，在成长的过程中，见到无数种对这文本的利用，或许能有助于一个人明白语言是如何被腐蚀成什么程度，意见可以如何攀附本来无干的文本从而获得优势，善良的话可以如何用于压迫他人，人类生活如何可以被剥夺细节而压缩为干枯狭窄的素材。看到这些，他会警惕吗？

也许。不过要推荐《论语》，这是个相当弱的理由。

而且，现在的中学生，被功课压得喘不过气，哪有多少时间读书？如果初中三年，有两千小时的自由阅读时间，我也许会将《论语》放入推荐的书架。但假如只有五百小时呢？我是不会推荐《论语》的。

假如只有五百小时，我只会推荐文学书以及细节丰富的历史书。各种哲学和社会理论，在以后的时间里，他们有的是机会学习。只有一种知识，接触得越早越好，那就是对人类社会、人类行为的丰富性的认知，而我想不出有比文学书和特定种类的历史书更好的教材了。趁着少年尚未被种种理论束缚住，趁着快乐或阴险的高明之士尚未发现你的孩子，让他读一本生动有趣的小说、一首奇思异想的诗篇吧——当然，这只是在假设您希望孩子成为某一类人，这类人不一定幸福，也不一定发财。所以如果您不希望孩子成为这样的人，我完全理解，而会推荐他阅读《孙子兵法》什么的。

世有孔子

一个旧闻最近又有更新。复旦大学的人类学学者对曹操家族的研究，至少五年前就开始了，这几年里屡有争议。但很多提意见的人，对分子生物学是像我一样的外行，那么这些人的见解在科学上的价值就很可疑。可议的，是他们所使用的历史学方法——这个问题在研究曹氏时已经出现，现在则明显了。最近听说，课题组在收集样本，以确认孔子及“尧舜禹”实有其人。人类学学者对孔子谱系的确立工作，进行也有几年了，不是新闻，但“尧舜禹”？——通过Y染色体研究，或许能发现一半甚至更多的中国男性，在七八千年前有寥寥几位共同祖先，但何以建立他们与传说中的角色之间的关系呢？线粒体夏娃不构成对《旧约》创世故事的验证，与此同理，尧舜禹的故事，要摆脱传说地位，需要远比“共同祖先”更具排他性的证据。在我们面前，有一套故事，这套故事屡经增修，谱系模糊，时代更是无法确定，又有一套基因证据，揭示一个特定人群在远古的某个时代，有几位共同祖先——要指认这几位便是第一套故事里的主角，需要多少假定，多么热情洋溢的哲学，才能横渡过去。比如生物学的谱系等于或近似于历史解释的谱系，这个假定在我看来就没办法证明。

说回到孔子。有趣的不是能不能建立孔氏家族的基因学支持，而是证明孔子“实有其人”这个说法本身。我见识太少，还真不曾听说有人怀疑孔子并无其人。可见孔子德高望重，连无畏的阴谋论者也绕道而行；对这种理论来说，又未免不是一个损失，所以我愿有所贡献，花五分钟时间（实际上三分钟就够）构造一个“世无孔子”的奇说。这听着危险，可我们知道，现在还有好多好多人相信地球（应该叫大地）是平的。就在两个星期前，有一种新理论出现，引用了先进的时空折叠学说，解释为什么我们不会从大地的“边缘”跌将出去，说就像吃豆子游戏里那个小家伙，到了界面的边儿上，又从另一侧钻出。“世无孔子论”不会比这个还离奇，我可以放声宣称一切起源于一个人的恶作剧，因为时代需要，大家都帮着圆谎。既然不需要证据，我可以一摆手说从春秋三传到汉儒载记都是集体的造假——对阴谋论者来说，他人叙述的瑕疵便是自己的“证据”，而世无完美的叙述，所以，我可以将从《论语》到《家语》记录中的貌似冲突之处汇集，然后掷出那个经典的疑问：如果是怎样或不是怎样，怎会这个或那个？对健全的头脑来说，这种疑问不过是心灵狭隘的病症，但幸运的是同病相怜的人总不难找到，以使我的奇说流行，至不济，也能给大伙儿添点恶心。

假如对孔氏样本的研究，找不到某种基因特征在两千多年前的交会点，会不会有人怀疑孔子的存在呢？我是不会的。这信心的第一来源便是《论语》。我不能够提出《论语》中的哪一句、哪几句支持我的信心，但通篇阅读《论语》，能让人有一种直觉，这种直觉我们经常用来区别模仿与创作、合成的作品与自然形成的文稿。现在人工智能的研究进展迅速，前几天或说某产品在某一方面通过了图灵测试。对此我是怀疑的。人的特征，能被有限条数的规则描述吗？如果能够，那我们真要有大危机了。

后世的一些视孔子为神圣的儒生，其实一直在坚韧不拔地毁坏孔子的真实性。假如他们的解释系统完全成功，孔子就真的可疑了。比如，即使是从旧的伦理观来看，孔子对女性的态度也有自相冲突之处，而儒生的弥缝，没有使孔子更完美，反倒让他老人家显得古里古怪。又如孔子的家世，《史记》的简介可信，《家语》里丰富的描述就很可疑。

孔子是父母“野合”而生。“野合”之义，在汉代从郑注到纬书都没异议，后代人心里有鬼，忽然以为不雅了。孔子之生，《史记》只记了一句："纥与颜氏女野合而生孔子。"六七百年之后，王肃如得天启，声情并茂地写道，孔子的父亲叔梁纥"求婚于颜氏。颜氏有三女，其小曰徵在。颜父问三女曰：'陬大夫虽父祖为士，然其先圣王之裔。今其人身长十尺，武力绝伦，吾甚贪之，虽年长性严，不足为疑。三子孰能为之妻？'二女莫对。徵在进曰：'从父所制，将何问焉？'父曰：'即尔能矣。'遂以妻之"。

遥想《诗经》时代，奔者不禁，"洧之外，洵訏且乐"，野合是多么普遍啊！至汉代，其风气可参考《史记·滑稽列传》所载淳于髡略夸张的形容，"若乃州闾之会，男女杂坐，行酒稽留，六博投壶，相引为曹，握手无罚，目眙不禁，前有堕珥，后有遗簪……日暮酒阑，合尊促坐，男女同席，履舄交错，杯盘狼藉，堂上烛灭"等等。后来礼防渐次严峻，东晋范宣说，"未生之前，不可以逆责夫子也"，大是持平之论，但也可见在他的年代（王肃后一个世纪），野合已不体面了。

孔子一出生父亲就去世了，他一直不知道父亲的葬所。母亲去世后，他向别人打听，才找到父亲的墓，然后将父母合葬。这个记载见于《史记》和《礼记》，本来并无异词，至王肃，斥道：这么大的圣人，怎么可能不知道自己父亲的生死下落，生不养，死不祭，这不是胡说吗？

实际上，就是“野合”“不知其墓”这样的记载，让人相信流传下来的对孔子生平的记录，有一些还是很可信的。孔子早被捧到云中，如果没有这些，那还真难说呢。

我们对孔子的家庭好奇。孔子有些同父异母的兄弟姐妹，可信的记录只有两处，一处是《礼记·檀弓》提到他姐姐的丧事，另一处是《论语》，“南容三复白圭，孔子以其兄之子妻之”。顺便说一句，他这位哥哥后来有名字了，叫孟皮，多半是后人编的。

《论语》一书中，孔子极少谈到自己的家庭成员。第一，《论语》不是孔子一辈子说话的录音，只是他与弟子聊天中给记录下来的极小一部分。第二，在当时的风俗中，孔子不太谈及家事是正常的，像今人这样自家里的一点什么事都到处讲，反倒奇怪了。这也是《论语》可信的直觉来源之一。我们可以想象，伪造者为求囫囵，总把事情讲得很周全，就像心虚的人在审讯中会话多一样。更高明的造假者，会故布疑阵，有意留下破绽，但我相信，人类的经验仍然可以击破这类文本。

《论语》中有些细处，颇可以让我们运用一下想象。《为政》篇中有这样一条：

孟懿子问孝。子曰："无违。"樊迟御，子告之曰："孟孙问孝于我，我对曰无违。"樊迟曰："何谓也？"子曰："生，事之以礼；死，葬之以礼，祭之以礼。"

"无违"是什么意思？从字面上看，是不违背长辈的意愿，如颜渊之"不违"孔子。后面孔子自行推衍，忽有不违礼制之义。王充《问孔》就此挑毛病说：孔子所说既然别有深意，却只将"无违"两字说与孟懿子，难道不考虑他会误以为只是要听父母的话吗？后代注家，有一些强行将两种意思捏到一起，支离穿凿，总不能让人信服。从歧义中选择之前，我们不妨再看同章的另两处。

第一处：

子游问孝。子曰："今之孝者，是谓能养。至于犬马，皆能有养；不敬，何以别乎？"

第二处：

子夏问孝。子曰："色难。有事，弟子服其劳，有酒食，先生馔，曾是以为孝乎？"

这两条的意思是一样的。孔子说，照顾父母，奉养丰赡不是最难的，最难的是脸上的表情、说话的口气，不能有一点不耐烦，永远高高兴兴的。如无亲身经验，大概很难有这样的认知。孔子年轻时母亲去世（依《史记·孔子世家》推论），我们不清楚年轻的孔子照料母亲的细节，更不清楚他后来对这段经历的感悟，自然无法猜想他提出“色难”时，是有几分内疚，还是有几分自豪。

至少从字面上看，“无违”与“色难”的意思是连属的。至于为什么孔子又说“以礼”云云，不好猜测。孔子说“无违”时，真的包含后面三“以礼”的意思吗？是即兴的引申，还是因人施教？也许他是在做一种补充，也许他想给“无违”加一限定（可参考舜的传说），如后汉崔钧之所谓“小杖则受，大杖则走”之类。

《礼记·祭义》记有曾子的几句话，很像是从孔子此论演化而来：

> 曾子曰：“是何言与！是何言与！君子之所为孝者：先意承志，谕父母于道。参，直养者也，安能为孝乎？”

“先意承志”便是“无违”，“谕父母于道”便是“以礼”。曾子自谦只能做到“有养”，可见“色难”。从这里看来，曾子（或托曾子以言者）是将“无违”与三“以礼”

分开理解的。

《论语》中孔子说“吾少也贱”，《史记·孔子世家》也这么说，还记了一个小故事。鲁国的大贵族季氏宴飨士人，年轻的孔子赶去，被阳货挡在门外，说他身份不够。孔子也属士的阶层，但并非嫡出，又孤儿寡母的，在宗族中的地位很差。他的成长一定充满艰辛，然而并没有因那些遭遇而偏激、愤怒，能成为一个心胸开阔的人，是令人佩服的。我们不能有把握地在孔子年轻时的境遇与他的一些态度之间建立具体的联系，但可以有把握地说，那些境遇一定会影响他对一些事情的看法。我们不能明确看到情感因素是如何分布、如何隐藏在《论语》所记的言论中，但想象孔子的情感世界，当有助于我们理解《论语》以及《论语》后面那个人。

人的浑然一体只发生在我们所尚不理解的层次里，在我们笨拙的理解中，人总是自相冲突，许多行为不可解释。这令一些历史文本显得可疑，不过，最可疑的，显然是那些没有冲突、一切可解的故事。在乱象中确立事实，或许可以参考孔子自己的态度，比如“不知为不知”，比如“多闻阙疑，慎言其余”，比如他在一处说“信而好古”，又在别处说“好古，敏以求之”。

无邪不成诗

孔子的文学观是什么？简单却不易说清。

春秋时代，文学未如后世发达，就已知而言，明显的作品，只是一批诗歌，在此之上，自觉的观念还没有形成，圣如孔子，也不可能凭空构想出没有对象可以依附的理论来，何况孔子从不擅长搭建概念体系。另外，在可信的范围内，孔子传下的言论非常少，涉及文艺的更少，从只言片语中可以归纳或谨慎推论出的观念，不太可能是丰富的。作品稀少，形式简单，不属于时代的中心焦虑，未引起过足够规模的辩论，亦未因其在理论体系中的位置引发哲人独特而深入的思考，在这样的文学时代，简单的文学观才是合情合理的。

但后人，包括我们，越来越认为简单以及不连贯的精神活动是难以接受的。何况什么是“文学”，意见从不统一，从最广意义上的一切写作，到修辞性强的写作，再到想象性的写作（我所使用的定义），范围可宽可窄。文学作品并非只接受“文学批评”，绘画可以拿来糊窗户，诗歌也可以派作许多用途，比如求婚，比如颂圣。对诗歌的观念，自然也可以有多种角度，比如可以以颂圣为纲、以皇上开心程度为标尺写一部文学史。这样的文学史读来一定很奇怪，但并不是不合法的。我们提到“文学观”时，总是想到那类关注使文学区别于其他人类活动之特征的思维。但我们知道，在人类的观念史里，这反倒是稀少的，如果要写一本“纯文学”的观念史，厚度和版税都可忧。我们见到最多的，还是混合的思考与考察，这类文学思想史，只要作者心存着将文学当文学看的一点气概，并不会因为其不够“纯”而减少价值，因为纯粹的文学进程只存在于想象或抽象的层面。在实际中，既然文学活动如此广泛地与其他活动掺和在一起，接受哪怕是目不识丁之人的吹嘘与刺击自是命运中的应有之义——只是这样一来，当考察孔子的文学观时，所需注意的事情就多了，话也难讲了。

现代汉语中的“文学”一词，出处便在《论语·先进》篇，为孔门四科之一，但原意只是多读书，善于润饰，言行都很精致。所谓“文学游夏”，用现在的口语说，就是这二人“有文化”，是“讲究人儿”。

文者，纹也，似乎是表面功夫，而孔子特重之。孔子批评子路，说他“喭”——这个字的意思和“质胜文则野”的“野”相近，指一种粗糙的作风。孔子又曾对子路细细地讲："好仁不好学，其蔽也愚；好知不好学，其蔽也荡；好信不好学，其蔽也贼；好直不好学，其蔽也绞；好勇不好学，其蔽也乱；好刚不好学，其蔽也狂。"这几种弊病，即"不文"的表征。"文""学"连用，因为在孔子看来，"文"作为一种修养，来自学习，如孔圉"敏而好学，不耻下问"，孔子便说他配得上谥"文"。

所谓学，就是取得对事物的广泛知识，"博我以文"，不博无以成文。文质之辨，是中国的一个古典命题。我的感觉是，从《论语》来看，孔子对"文"这一概念背后的一些特质有所感觉，然而没有机会充分阐述，也许，文质相对，并不是探讨这一精神现象的最好门径。孔子确已意识到"文"与博学，不只是表面功夫，对意识来说，事物的细节，不一定只是局部或过渡，甚至迷障，而简单性法则，更未必适宜拿来引导人的精神进步。下文将要提到，孔子的文学观是实用的，但孔子重文，强调对事物本身的兴趣，已经为进步留下了一扇门，至于这扇门是如何被他的所谓后学陆续关闭，则是另一件事了。

谈论孔子的文学观，人们最注意的是他议论《诗经》（这里《诗经》是省事的说法，在孔子时代，诗虽有结集，但多半不是我们今天所见到的《诗经》的面貌）的两句话。第一段是《阳货》篇中的："子曰：'小子！何莫学夫诗？诗可以兴，可以观，可以群，可以怨；迩之事父，远之事君；多识于鸟兽草木之名。'"

在一些实用功能之外，谢天谢地，孔子说到了“兴”。什么是“兴”？各家所解不同，但大致上同意“兴”涉及情感活动。而情感是最难规范的，特别是对帝王及其御用哲学家来说。古代的帝师或“自干帝师”所从事过的最凶险的理论工作，便是研究如何统御人的情感——之所以说它凶险，是这一工作在理论上危险（难于成立），在实际中凶恶。他们或引孔子为同道，其实孔子只是想用礼义约束情感，还没想过要从源头上把它统一到什么上来。孔子甚至倾向于将道德视为“个人激情的自然表达”（麦金太尔语），而非视为憎恨激情的一种发明。

从《论语》看，孔子对诗歌的主要态度是实用的，评价尺度非政治即道德，这也许与当时诗的地位有关，但我倾向于相信孔子对诗的力量不会没有感觉，只是诗没有像音乐那样感染过他。

孔子对音乐，自然也持实用的态度，以之为教化的手段（顺便说一下，孔子评论诗，应是连相配的音乐一同谈着），所以他要“放郑声”，所以他到武城听到弦歌之声便莞尔而笑，但他确实曾被感染，以至于“三月不知肉味”，感慨说没想到音乐感人之深，竟到如此地步。

孔子的常用词之一是“礼乐”。他曾说：“兴于诗，立于礼，成于乐。”前两句相当于“博学于文，约之以礼”，而音乐的地位如此重要，至于放在礼的后面，似乎有点不可思议。如果可以胡乱猜想的话，我会说，也许音乐中有他老人家自己也不理解的力量，故崇拜之。

再看孔子的另一句话，来自《为政篇》：

子曰："诗三百，一言以蔽之，曰'思无邪'。"

"思无邪"这三个字争议很大。第一，《诗经》中"邪"诗不少，所谓郑卫之音，何得谓无邪？第二，"思无邪"是孔子引自鲁颂中的《駉》，而在原诗中"思"是语气词，那么，孔子是仍旧将它做虚词用，还是转义为实词？

且不管它，只注意"无邪"二字。这既是道德的，又是政治的，说到底，是权力的评判尺度。孔子删诗之说，流传两千多年了，而今天看，恐怕只是传说，而后世之人，删诗、禁诗，那可是风起云涌。删而不净，禁而不绝，该怎么办，则是古老的重点研究课题。让所有诗歌语句，一归于纯正，自然好，如若做不到，还有更好的，是让读诗的人无邪，如朱子所说，"彼虽以有邪之思作之，而我以无邪之思读之"。"文化大革命"中出版过一点封资修大洋古，特别注明供批判用，便是此意。朱子毕竟是书生，有点迂腐，试想如果邪诗满地跑，读者"思无邪"也有点难，看来还是删之禁之，方为上策。

孔子为什么说诗三百都无邪呢？我想有几种可能：第一，原因不明；第二，只是跟弟子聊天时的即兴之语，不必较真；第三，他所说的三百篇与今本《诗经》的篇目不同；第四，他确实认为无邪；第五，他喜欢诗，虽然觉得有点杂音，还是选择用“无邪”来给说不清道不明的美好打掩护。

文学的价值或力量何在？在我看来，在人类的多种叙述方式中，它是最难使之“纯正”的一种，它天生需要细节，需要变化，需要异常，虽然不断受到观念，特别是政治及哲学观念的侵入，然而不堪造就，滑不溜手，总能挣脱束缚。事实上，在人类历史上若干个精神黑暗时期，文学往往为越狱之先锋。从人类的共同经历，到个人精神的变异，甚至当历史叙述都屈服于权力或抽象概念的统治时，文学总能偷偷摸摸、或多或少地留下一些杂驳的记录。它可以是王公的花园，也可以是孤臣孽子的自我流放之地，人类之进步或与文学无关，进步而仍为人类则与文学（以及其他若干种活动）有关了。

《乐记》里有这样一个故事。魏文侯问孔子的弟子子夏：我正襟危坐，聆听古乐，立刻就想睡觉，可一听通俗点儿的，毫无倦意，这是为什么呢？

子夏的回答了无新意。不过也怪不得子夏，这是个千古难题。假如我来设计一种完美的社会管理制度，王权与哲学的完美合作是不难实现的。但在拥有了抽象概念与皮鞭这两种最强大的教化工具之后，我会发现还有些东西，实难驾驭，文学、艺术、音乐，都是如此。固然可以推广纯正文学，但世界上还没有一种纯正文学是“好看”的，而好看的，又没有纯正的。而人们又偏要好看，实难矫正，看来只有请出生物学来共治天下了。

上世纪五十年代有句名言：利用小说反党，是一大发明。这是冤枉了小说家，特别是五十年代的小说家。只是小说这东西，天性顽劣，说不定还是禁绝的好，或者用计算机来写，再让计算机来读。

回到《论语》。《子路》篇中，孔子说：“君子和而不同，小人同而不和。”这是句很有意思的话，却没有引起相应的重视，也许是孔子太爱讲君子小人，以致注释家也只向人心上说解。如果《国语》的相应记录是可靠的（看来像是经过后人的增益修饰），这一思想出自西周末年的史伯。《郑语》中，郑桓公问周朝是不是不行了，史伯说肯定不行啊，一大原因是“去和而取同”。

史伯说：“和实生物，同则不继。”“和”是不同事物的调和，“同”则是纯正无二。“和”的思想并不像听起来那么有趣，“同则不继”，则是相当高明的认识。史伯又说：“声一无听，物一无文，味一无果，物一无讲。”翻译过来就是：如果只有一种声调，肯定不好听；只有一种颜色，没什么看头；只有一种味道，不会好吃；只有一种事物，无从知其高下精劣。这道理很简单，又很深刻。

孔子的文学观似是实用的，但既然他讲“和而不同”“博学于文”“多识于鸟兽草木之名”，我便相信，起孔子于地下，看到当今的纷繁之象，他多半会喜欢的，甚至会天天守着电视看，也未可知。

格言的网罗

一个朋友新近读了《论语》，对我谈了两个印象。第一，读过之后，合上眼睛，脑中浮现出的孔子，是个智者，是个好人，就是爱臧否人物，话很多。第二，他发现原先自己早知的许多箴言成语，都是从《论语》里来的，很是佩服，却同时觉得孔子对人对己有时过于严厉。

我很赞赏他的“合上眼睛”想象——一个无法被想象的他人，不过是些事迹和言语的集凑，没办法成为玩味的对象。我读过老子的书，而完全想象不出来他是个什么样的人，没有身影，没有体温，比柴郡猫还少一张脸。《论语》所记有点杂七杂八，在我看来这是这本小书的美好之处，使孔子成为可想象的。比如，我正在马路上挖一个陷阱，一回头，无所不在的他老人家正如获至宝地瞧着，我能猜想他会发表什么意见——不是我会猜得对，而是有的可猜。

孔子话多吗？不好说。孔子是教师，想必话不会少，“不言之教”或当头棒喝教学法纵然高明，却不是他的方针。但仅从《论语》或他书所记，还看不出他是个爱唠叨的人。如果说“话多”指的是对各种事情都有话说，都要发表意见，那他诚然话多，却不是因为他是那个时代最有见识的人，而是他把自己当普通人看——我们普通人，不会限制自己轻率地发表意见，特别是私下里，拣起来就说呗，反正没人记录。

孔子知道弟子会记录他的话，只是没料到会传诸万世，没料到自己的很多话被后人奉为金科玉律。不然，我敢打赌，他在发表某些评论时会小心些，对适用范围做出限制，或告诉弟子“这个就不要记了”，或“你可以录音，但发表前我要审查”，等等。

等到他的话成为格言，他已经管不着了。《论语》里孔子说的话，成为格言的，至少上百条。以下大致归类一下，只拣那些流传最广、咱们最熟悉的话来做例子。

第一类是对社会现象或人的品质的观察以及总结，如“巧言令色，鲜矣仁”“人而无信，不知其可也”“君子喻于义，小人喻于利”“朽木不可雕也，粪土之墙不可圬也”“听其言而观其行”“三人行，必有我师”“君子坦荡荡，小人长戚戚”“文质彬彬，然后君子”“君子之德风，小人之德草。草上之风，必偃”“知者乐水，仁者乐山”“君子固穷，小人穷斯滥矣”“天下有道，则庶人不议”。

第二类是精练的道理，如“自古皆有死，民无信不立”“三军可夺帅也，匹夫不可夺志也”“温故而知新，可以为师矣”“不愤不启，不悱不发”“民可使由之，不可使知之”“学而不思则罔，思而不学则殆”“岁寒，然后知松柏之后凋也”“名不正，则言不顺，言不顺，则事不成”“人无远虑，必有近忧”“君子求诸己，小人求诸人”“君子忧道不忧贫”“不患寡而患不均，不患贫而患不安”“既来之，则安之”。

第三类，也是最可斟酌的一类，是立身的信条或道德戒律，如“不义而富且贵，于我如浮云”“父母在，不远游，游必有方”“见贤思齐焉，见不贤而内自省也”“不在其位，不谋其政”“君子成人之美，不成人之恶”“敏而好学，不耻下问”“学而不厌，诲人不倦”“食无求饱，居无求安”“成事不说，遂事不谏，既往不咎”“非礼勿视，非礼勿听，非礼勿言，非礼勿动”“以直报怨，以德报德”“不患人之不己知，患其不能也”“不怨天，不尤人”“小不忍则乱大谋”“道不同，不相为谋”“当仁不让于师”“己所不欲，勿施于人”。（这里声明一下：此处只说《论语》中孔子的言行。至于《论语》里其他人的话，不会专门讨论。孔子的话，其他书中也有流传，只是可信程度，以及文本的存真程度，不及《论语》，而且为了偷懒省事，对先秦书或西汉的载记，包括新近出土的文本，很少涉及，至于纬书及后世的书里跳出来的孔子语，更不采纳。）

格言（箴言、名言、警句、谚语、座右铭、成语等），是人类传递经验和智慧的一条捷径。有人提出格言的最小集概念，指的是在一个语言体中，有哪些格言，是每一个成年人都知道的。做过一些统计，得到的数字很可观，有好几百条（我只记得一个数字，在俄语里，格言的最小集是 800 条）。也就是说，我们每个人都熟知一大批格言，这些格言塑造认知，影响我们对事务的反应、对他人的判断，也影响着我们的思维和表达。不管自觉还是不自觉，乐意还是不乐意，我们接受、传递格言，享受格言对判断的负担的减省，也苦恼于格言偶尔带来的大小麻烦。我还没提人们热衷于创造格言呢，比较明显的是当今网络时代，谁要是发明一句俏皮话，给传诵开来，没有不高兴的（至于传诵多久，能否成为后世的格言，那是另一个问题）。

多数格言，来源不明，所以我们通常的印象是，它们是“集体的创作”。我们会想，“天上蘑菇云，地上雨淋淋”，显而易见是多少代的观察所得；还有两句让人毛骨悚然的，“两人不看井”“七十不留宿”，也一定是若干经验的汇集。然而经验是公共的，表达是个人的。主流理论认为，所有格言都源自个人。比如我们常说的“大鱼吃小鱼”，追溯一下，来自西谚，再追溯一下，能一直追到古希腊的赫西俄德，那可是差不多三千年前的人物。当然，格言在流传中会被加工，会有一些变形，然而不管怎样，话总是出自一张嘴，如果一句话表达了被人认可的智慧，那就很有机会流传。曾有个英国佬总结说，格言就是一个人的机智，大家伙儿的智慧。话说得不错，所以他这话本身又成格言了。

汉语的流行格言，孔子一个人的贡献，足有几十条，没第二个人比得上。我们说孔夫子影响中国，这是因素之一。而孔子有时招人恨，这也是因素之一。

格言是普遍的，但并不以定律的方式生效。康德举过一个例子，比如说以“君子爱财，取之有道”（康德的原话是用一切靠得住的手段来挣钱，这里且换成孔子的话）为准则，别人有笔钱放在他那里，现在那个人死了，没有其他人知晓此事，那么，他的准则是否可以延伸一下，运用于此呢？我们都会说，不可以。但为什么呢？康德说，如果这样，就没有人把钱存在别的地方了。最后这句解释不怎么高明，但我们努力理解他的意思，是说一个准则的普遍性没有办法来自具体而微的经验性实践，人各自的禀性和追求，会破坏每一条试图植基于禀性和追求的准则，而“有道”或“靠得住”这样的限制本身根本靠不住。如果我们刨去康德底层的意志学说，他说的实际是对的，经验本身并不能产生完全普遍的法则，何况格言只是一种大概其的表达。

孔子说“己所不欲，勿施于人”，又说“君子成人之美，不成人之恶”，我们觉得，说得不错啊。好吧，来了一个人抢你的钱，夺你的自由，你该不该反抗？反抗是成人之恶，不反抗也是成人之恶，何况你一反抗你就不高兴，算不算“己所不欲”呢？这些是浮浅可笑的问题，但并不是简单地引入“正常权益”一类的概念就能解决的。说到底，追求公式式的道德律，本身就是不道德的事。

每个人都经历过这样的烦恼，比如在与人讨论问题时，对方用格言、警句或谚语之类，作为论辩的前提。你自知能够推翻他的论述，比如指出他不恰当地扩大了格言的适用范围，或者试图精确地使用本来模糊的格言——论辩中可以将公认的成熟观点作为根据，但格言并不是经常能满足（事实上，很少满足）这项要求。你知道这一点，但你还是输了，因为对方只说四个字，你则需要一整篇大道理，才能完成反驳。然而等你说完了，他再抛出四到六个字的格言，你就只好放弃了。

如果他用的是孔子的格言，你可能会悻悻地想，孔子这个人真不像话。

我们小时候，学习格言的过程往往是不快的。父母会相当惬意地从武库里掏出一两句格言，使我们处境狼狈，无以辩驳。等长大了，发现某句曾深为痛恨的话来自孔子，又会想，孔子这个人，就会跟人过不去。

汉语里的格言成千上万。一个人如果仔细观察一下，对任何一种行为（特别是从背景中孤立出来后），都能至少找到两条格言，一条大为赞扬，一条痛加申斥；对任何一个人，都至少能够找到两套格言，在一套里他的离世让人哭泣，在另一套里他的降生让人哭泣。这是格言的特性，这是格言招人喜爱之处。对通情达理的人，在健全的社会里，格言的这种随意成分不会带来多大麻烦，但换一种环境，事情会不同。在僵硬的心灵里，在僵硬的社会里，格言被用作教条；占上风的人随意诋毁他人，被诋毁的人很少有机会反驳，从这样的社会逃出或打算逃出的人，有时会觉得孔子是个专给大伙儿找麻烦的人。

回看前面举的三类例子，出自孔子之口的三类格言，每一条都有道理，每一条都有使用上的风险。其中有宽厚的，也有确实相当严苛的。对那些严苛的教训，我们不太清楚孔子是否自信地当作原理来发表，抑或是在描述一种倾向，而修辞上有所强调。但孔子已矣，古代的风尚与今天不同，人际界限比现在模糊，所以如果我们自己不长进，怪罪到前人身上，也不怎么合适。

再看格言的本质。几个字，最多几十个字，何以承载那么丰富的含意？在多数格言里，语义是稀薄的，隐喻的比重很大。一句格言或隽语，之所以意味深长，是因为附着大量的经验。所以说，没有经验的人，或出于某种原因藐视或拒斥经验的人，认为抽象的教义高于一切的人，恶意的人，在他们那里，格言确实可能成为凶器。当然，这不是格言本身的错。

简单地说，中国的许多好事，孔子不得居其功；许多坏事，孔子也不该承其咎。这说的是孔子本人，至于他的真假后学，就不好说了。

知识的重负

“路线错了，知识越多越反动。”这话不错，如果把“反动”理解为以自身为对象。甚至知识还没怎么多，“反动”已不可收拾，比如昔日的圭臬，有时会渐不可靠。《论语·宪问》里的名句，“古之学者为己，今之学者为人”，多年来一直被视为光闪闪的美言，现在重温，心里有些犹豫。这句讲的是两种学习的态度，对此，古往今来的解释差不多，用范晔的话说，“为人者，凭誉以显物，为己者，因心以会道”，一种是丰富自己，一种是求得实用的技能。不用说，“为己”是更高尚的动机。然而，反动的想法会是，自己会过于“丰富”吗？世界会过于已知吗？如果会，那么，一个过于丰富的自己，一个过于已知的世界，又意味着什么？

孔子很少自吹自擂，但对自己的好学，他是当仁不让的。在他看来（至少嘴上这么说），上上之人生而知之，自己学而知之，已是二等，所以自矜一下好学，也是一种谦虚。他说，若论忠信，随便一个小地方，都有不逊于他的人，但若论好学，可就不多了。从这句话来看，孔子认为自己所越乎众人之处，虽不限于，但很重要的一点是好学，知道的事多。

没人怀疑，在那个时代，孔子是汉语世界里最有学问的人，在已知的范围内，没有人能够赶上，哪怕是接近他的渊博。这一点，连不同意他的主张的人，也是承认的，达巷传其博学，太宰颂其多能，墨子假借别人之口攻击孔子“博学不可使议世，劳思不可以补民”，亦蕴涵着赞美。

知识体系，现在庞大得让你我自卑，让学生喘不过气来，在孔子时代，则是一丛丛的萌芽。典册是珍稀的，大多控制在史官手里，孔子多方访求，我们猜测他是那一时代中读“书”最多的人，然而总量亦很少。更多的知识，零碎地分散在各方人士的口口传承中，尚待好古敏求如孔子者来记录、整理。可以想象，春秋时代，一个普通人心中的外部世界，是模糊、零碎的，随处是意外和不可解释之事，连神话和巫术也不足以让事物和事件连贯起来，人们在这样的环境里安之若素，同我们一样，不是因为我们的知识丰富，而是相反，恰当的无知是幸福的保证。在孔子那里，发生了一些事情，他曾说：“吾尝终日不食，终夜不寝，以思，无益，不如学也。”他不食不寝地想些什么，没人知道。有一类人，对秩序有内在追求，渴望建立整体图景，直至使世界在某种意义上化为自己的内在。看起来，孔子倒像这样的人呢。

孔子成功了吗？看来是。他享受自己的成功吗？不好说。

孔子一生，一大遗憾当是无人可与砥砺切磋。他的弟子抱怨夫子不谈论“性与天道”，或是孔子不习惯于抽象，但也有可能，没有精神上的对手来迫使他处于自我辩驳之外的境地。他最重视的弟子颜渊，举一反三，闻一知十，然而，第一不幸短命死焉，第二进的多出的少。《论语》中记录他说的最长的一番话，不过是“仰之弥高，钻之弥坚，瞻之在前，忽焉在后”等一连串对老师的赞美。无怪乎孔子发牢骚说：颜渊对我没什么帮助，因为不管我说什么，他都是“好好好”。

知识或智力上的孤独，会使人内心发生什么变化，难下定论，特别是我们对孔子的精神世界所知寥寥。我们至多能放纵一下自己的想象：想象一个人终于为自己建立了有秩序的世界，却发现只有自己一个人生活在这个世界里，他是会悲哀，还是傲慢呢？也许这不是孔子的处境，因为从典籍中，看不清楚孔子的世界观是怎么样的，他似乎更注重建立人类活动的历史，而最终将自己放在了历史与未来折叠的轴上。

所谓知识就是知识史，但不是所有人都同意这一点。

再看一遍“古之学者为己，今之学者为人”，需要提出的一个问题是，个人的知识，是可能的吗？或者说，当知识成为个人内建的世界描述，它是否有了些足够奇特的性质，最好换一个词来指称它呢？这些问题我是迷惑不解的，同时觉得以此来讨论孔子的知识境界，是时代错误，如果不是其他一些现象令人费解，本来不该提及。

南宋有位读书人叫钱时，他在其著作《融堂四书管见》的序里回忆说，年轻时父亲授以《论语》《大学》《中庸》三种书，且强调说，其实只消会得“学而时习之”一句，所有的书都不解自通，而自己在他书中迷失多年，四十岁上“忽自警省，始大悟旧学之非，于是取三书读之，洒然如脱缠蔓矣”。发现一句顶一万句，才知读书越多越“反动”，有关客观世界的知识，原来是束缚自我的藤蔓。

且看钱时对“学而时习之”这一无上法门的理解：“学者，觉其所固有而已，故曰：‘大学之道，在明明德。’心本无体，虚明无所不照。为物所诱，为意所蔽，为情所纵，而昭昭者昏昏矣。是故贵于觉也。”其解“古之学者为己”章云：“凡学不自格物致知上做工夫，皆非为己也。逐逐文义之末，昏昏声利之场，安知为己者之为何事哉？”

学，觉也，这本是汉人旧说，至宋明发扬光大。明儒刘宗周表面上沿用朱子的解释，训“学”为“效仿”，却说“效”就是“求觉”，实已不合朱子之意。他简练地说：“学以复性而已矣。”从钱时的“觉其所固有”，到刘子的“学以复性”，都是在说，学的最高境界是自向头脑里摸索。孟子有名言为“求放心”，意即“心”是天然具足的，只是为外部事物所蒙蔽，陷溺、迷失在现象界里。依一些宋明儒者之说，真正的知识，也早存放在我们精神内部，为己之学本质上是一种苏醒或回忆，而追求细末的“为人”之学，是舍本逐末、南辕北辙了。

很多人会认为这种学说是反知识，甚至反文明的。不过，一个求知者有权利不满足于只将自己沉浮在知识史中，如果个人目标没有存放之地，再有秩序的世界，又有什么意义呢？现在很少有人（但愿如此）会同意钱时的途径，但他表达的烦恼，大概会一直困扰人类。

另外，我们会觉得这种学说离孔子的本旨很远。但是，孔子是否无意中启迪了这一派思想呢？

这是个无解的问题。回到前面的讨论，孔子曲高和寡，有一些言论令我们猜想，饱学之后，甚至无学可学之后，他的心情是否有所变化。

《论语》中记录了孔子旺盛的好奇心，对知识的如饥似渴，以及实证的态度。从“入太庙每事问”到“多识于鸟兽草木之名”，从“必闻其政”到“尝闻俎豆”，从

“十五而志”到“五十以学”，从学如不及到知而后作。

但似乎同时还有一种过程，从“不知为不知”到“知之为知之”，从“十有五而志于学”到“七十而从心所欲不逾矩”，从“多学而识”到“一以贯之”，从“学而不厌”到“诲人不倦”。

《论语》所记孔子的话，绝大多数看不出发生在什么时期，所以，要建立孔子思想进展的时间表，是不可能的。但偶有些零星的旁证，比如孔子两次提到“诲人不倦”，一次不知是在什么时候；另一次，公西华在旁边说：“正唯弟子不能学也。”公西华是孔子晚年所收的弟子，似乎可以推论，这一次夫子自道，是在年纪很大的时候。

孔子说话，大多数时候是很谨慎的，破绽很少；但也有一批话，似乎有点“粗暴”或烦躁。我们仍然不能建立任何时间性的结论，但罗列一些，还是有趣的。

比如他说：“士而怀居，不足以为士矣。”话说得是否太狠了呢？又如“道听而涂（途）说，德之弃也”，也显得专横。余如“攻乎异端，斯害也已”“民可使由之，不可使知之”“唯女子与小人为难养也”“唯上知与下愚不移”“年四十而见恶焉，其终也已”“诗三百，一言以蔽之，曰思无邪”“士志于道，而耻恶衣恶食者，未足与议也”。

金代学者王若虚，作过《论语辨惑》，其总论，一篇话说得极好：“解《论语》者有三过焉，过于深也，过于高也，过于厚也。圣人之言亦人情而已，是以明白而易知，中庸而可久。学者求之太过，则其论虽美，而要为失其实，亦何贵乎此哉？”

每次读《论语》前，都该三复其言。我前面说的，若将来解《论语》，都嫌穿凿，但闲来想象圣心，难免自我纵容一下。

《论语》中的孔子之言，还有一处矛盾。他曾说过，“君子病无能焉，不病人之不己知也”，又说过，“人不知而不愠，不亦君子乎”，这与“古之学者为己”，意思相通。但同一孔子，又说“君子疾没世而名不称焉”。另一次，他感慨道：“莫我知也夫！”旁边子贡问道，这怎么讲呢？孔子说：“不怨天，不尤人。下学而上达。知我者，其天乎！”（依《史记》，这次感慨发生在他老年之时。）

古代注释家或注意到其间的不一致，各有所解。此处提出另一种可能，即孔子抱怨“莫我知”，也许不是指世俗方面的“言之不用，道之不行”，而是表达一种孤独。

孔子晚年的感慨，《史记》《礼记》等书中还记有一些，因其可靠程度逊于《论语》，故不征引。只看《论语》中的一句：子曰：“凤鸟不至，河不出图，吾已矣夫。”这句是在说政治理想之不得实现，但细读之可以看到，孔子是将自己置于一种特殊的历史位置上的。可以拿来参考的，还有“窃比于我老彭”及五十多岁时说的“天生德于予，桓魋其如予何”。

或可将孔子一生的求知，比方为一个拼图游戏。游戏到了尾声，那些小片片儿各得其所，秩序自混乱中产生，美丽的图形一点点呈现出来，是多么让人欣慰，又是多么让人意兴索然！当然，这只是胡乱猜想。

继续胡乱猜想。孔子为自己编了一部百科全书，他的好奇心会在这编撰中消磨殆尽吗？为人之学以及为己之学是否都会吞噬自我，只是从两种方向？他曾说：“甚矣，吾衰也！久矣，吾不复梦见周公。”如果知识只是一种阐述，还会活灵活现的可以成为梦境的材料吗？学者为薪，知识为火，在薪尽火传的过程中，什么又是学者自己的火呢？

人和猫一样，不喜欢关上的门，但不凡的人敢于烦恼，甚至乐于烦恼，而我等凡人，似乎应有意让自己躲开麻烦，比如少看点书，少打听事。或者，每当一件未知成为已知，就让自己发现一种新的未知；每当一个问题有了答案，就赶紧找个新的问题。

走出森林

又到了星期二。用光了借口之后，我幸灾乐祸地躺下来，准备接着胡说《论语》。研究《论语》的人，要参考的书少说数百，多则论千。我不是专家，只预备了几十本书，堆在床边待查。今天我注意到，就这一点书，垛成两摞，也高出床沿许多，有点像故纸堆了。然后想，我到底在干什么？可能，任何人把注意力集中在古旧事务，一段时间之后，都会这么问自己吧，都会怀疑，这种注意力是否使人以求知出发，却以沉湎于虚构为终点？自己所使用或虐待的概念体系，究竟使自己离世界更近，还是更远？离真正的知识更近，还是更远？按说，探究使自己的世界扩大，但谁能说不会有这种情况：人的精神在发现新对象的同时也发现了画地为牢的机会，就像光线发现了一粒尘埃，它照亮了，也被吸收了。

历史是先前的今天，今天的人，除了少量精进勇猛之士，谁敢宣称拥有未来的答案呢？我们所能做的最好的事，似乎只不过是给遥远的后人留下一些机会。如果后人过得好，我们不敢说那是我们的功劳；如果后人过得不好，我们也不想承担太多的责任。同理，古代智慧是富有启发性的，是传承的，但要说古典知识中藏有我们今天问题的现成答案，我是不相信的。在人类社会这一领域，古典学者的价值大概在于提出问题，而不是解决。先秦诸子的一个共同认识是他们的社会是失败的，这些人要变革，变革不成，才退而著书立说。一批不知如何改造自己世界的智者，会知道如何使未来世界更好吗？深可怀疑。

不只如此。孔子的思想或《论语》中的见解，是一把草木的良种，围绕这最初的，我们有了一大片森林。两千多年里，无数生物来这里生根、成长、攀附、传播，这不是单一作物区，这里有数不清种类的草木，还有蚱蜢、兔子、猫头鹰和蛇。而所有这些生命，都宣称是孔子的精神亲属，甚至嫡传后代，它们彼此厮杀，又互相依存，死亡提供美妙的养料，生命在腐烂中更新。这是美丽的森林，又是暗无天日的森林，它如此茂密，你在里边每走一步，鞋子都要陷入肥沃的泥土，植物的须齿拉扯你的衣服，鸟儿唱着动听的挽留之歌。这里食物充足，精神自足，你可以不费心力地在这里过完幸福或悲惨的一生，如果不想离开，也不会见到这森林的狰狞一面。

常见的是，一个人自以为在“寻找”孔子，找到的则是踞床乱书的秦始皇和董仲舒们。今天的人，直接拿起《论语》来读，有没有可能直接去理解孔子呢？也许有可能吧，但相当难。流传至今，《论语》每字每页，都给泡在酱里，这是在两千年里，由无数人，其中不乏好人，不乏仁人志士，一块儿酿造的一坛“君子酱”。君子是孔子的理想人格，但君子也很会造酱。

沉浸在这样颓唐的想法中，我还要继续说《论语》。孔子思想的核心，很多人说是“仁”，《论语》中“仁”的地位仅次于“圣”，是个人伦理的最高境界（“圣”则要博济万民了）。什么是仁？仁者见仁，其说不一，但“仁者爱人”，说它是一种发于广泛的同情心的、永远自省的、不为外遇所撼的道德上的自觉状态，总不会很错。这确实有点难，孔子说他自己也不能完全做到，他所举过的仁人的例子，寥寥无几，而如殷之三仁，更像是一种表彰之言，因为微子、箕子和比干只留下一丁点事迹，按孔子的标准，是否从不巧言令色，是否恭宽敏惠，是否不忧不惧，谁知道呢？

最简单地说，“仁”就是至善，孔子所定义的善；仁人就是好人，大好人。《论语》中孔子描述的仁善，如果从道德尺度上看，在今天也是相当适用的，或者说，孔子心目中的好人，在今天也是好人。

在遥远的古代，建立一种美好的观念，至今还有效，这是古典思想者的伟大之处。至于如何把这些观念实现到人类社会生活中，那完全是另一种事情。

孔子不仅仅是道德家，更是美好社会的向往者。他不喜欢自己的时代，认为人类不应该那样生活。他相信人有向“仁”的方向进步的能力，甚至相信人类可以建立起完美的秩序，使人人成为或接近仁人，或心甘情愿地接受仁人的节度，过着有礼义的生活。他的“仁”，也是社会理想。

但如何实现呢？

先看《论语》里有句引起争论的话：“子罕言利与命与仁。”“利”与“命”说得少则罢，“仁”在《论语》里出现了好几十次，怎么能说少？何况“仁”在孔子思想中很重要呢。

于是有许多解释。其中一种是解“与”为赞许之意。但这样一来这句话就很怪，“言”“与”并列，读来很别扭。何况《论语》中“与”字八九十见，再不见这种用法。

有没有可能孔子确实罕言仁呢？第一，古代学者已经注意到，孔子说仁，多是答弟子问，而在这些回答中，一次也没有出现完整的定义，总是只言片语，从侧面来描述这一概念。第二，我们所见《论语》，某一话题出现的频率，与孔子实际讲论中该话题出现的频率，虽然相关，但相关的程度，不得而知。完全可能的是，孔子经常讲的某些见解，弟子耳熟能详，自不用重复记录。比如孔子一定常问“今天中午吃什么”，而弟子的判断是这没必要“书诸绅”，所以我们在《论语》中见不到类似记述，但不意味着孔子不关心午饭的内容。如果“仁”是孔子偶尔强调的，同时又是很少讲的，弟子自然好奇这一高深的理论，可能会经常提问，偶有所答，立刻如获至宝地记录下来。所以孔子虽然不常说仁，弟子有闻必录，这难道不是大有可能吗？

再看《论语》中另一处：

> 司马牛问仁。子曰：“仁者其言也讱。”曰：“其言也讱，斯谓之仁已乎？”子曰：“为之难，言之得无讱乎？”

“讱”是说话谨慎的意思。孔子说，仁，践行起来很难，哪能挂在嘴边啊。（看来满口仁义道德，不一定是仁人的标志。）孔子又说刚毅木讷近仁，巧言令色鲜仁，看来，孔子罕言仁，并非那么难以想象。

如果说个人之仁难言，社会整体的仁，就更难言。一个社会如何达到仁？孔子似乎以为途径是在圣人的率领下，社会成员发生道德进化，所谓“克己复礼，天下归仁”“君子笃于亲，则民兴于仁”，也就是说，孔子对社会问题给出了一个伦理层面的解决方案，这一方案虚无缥缈，很难说不是思想中的临时代用品。孔子不像孟子那样自信，对自己的终极方案，不曾大声疾呼地宣讲，他的执政方针，与春秋时对善政的普遍观念相去不远，而“仁政”则是远远超越时代的，有乌托邦色彩。从《论语》来看，孔子本人并不曾设计出一套在权力体系内有效的施行方案。

而后人的方案就蜂出了。在前面所说的“森林”里，一种美好的社会理想，被腐蚀、妥协、利用到无以复加，其中所蕴含的反抗权力的部分，融化得几乎无影无踪，而其中的个人改造，其中的自上及下，被无限放大，于是，“仁”反倒成了权力之柄。我们看到，至善作为观念竟然可能是危险的，如果没有人知道如何达到至善，它便是一个没有说明书的利器，只有恶人才知道如何利用它。我们看到，总会有人打着“仁义”的旗，来大规模地干涉个人生活，干涉社会的天然进程。如果说权力是万恶之源，人类的大恶，无不从权力的集中开始，而还有比美好的社会目标，更能诱骗我们开门揖盗，出让自己身份的吗？

我们在自己的历史中看到皇权是如何将社会压至毫无活力的境地，花一些力气，进而看到这种权力竟然依傍当初用心良善的儒家，依傍先人构想和制造出来的一切美好的东西，我们能不警惕吗？我们看到这样的事情一而再、再而三地发生，在一些地方正在发生，也没有会在未来停止的迹象，我们要不要想，一种无限美妙的社会观念，本身果真是来自对人类经验的正确思考吗？它是负责任的吗？当然，世界上没有危险的思想，只有危险的权力。但我们无法不生活在权力中啊！其实，孔子是谨慎的，但并不是所有人都像他那么谨慎。连谨慎的孔子都被利用至斯，何况他人？

孔子的社会理想，从《论语》中展露的一角来看，是以人为问题，然后以人为答案。我们不能说这是孔子仁学的缺陷，因为从古到今的绝大多数不幸，确实是秉人而成。同时又可看到的是，从古到今的思想体系，最容易被权力利用的一些，其共同特征之一便是以人为问题，以人为答案。你我、邻居、他人、外邦人、流浪汉、盗贼、将军、巫师、穷苦无助者、富而无礼者……人是多么可恼，特别是他人，是贪婪的、善变的、欺诈的、饕餮的、短视的、傲慢的、忘恩负义的、热衷权力的，生活在人群当中，很难避免改造人的想法。而既然我们不知人的缺陷与人的杰出超拔之处是如何结合在一起，同时已知任何消灭或改造人或人性之一部分的努力，毫无例外地归于堕落和压迫，也许我们可以自我提醒，当有感于年年月月的日常悲剧，而要制订一种方案来消灭之，没准儿是在草撰一部宏大的悲剧。

很多古典思想家共享的一个假设，是认为人有“神性”“本真”，或在各种体系中的各种其他概念所形容的玄妙本质。难怪个体本身容易给看成是粗劣的制品，而进步被认为不是来自纷繁多歧中的好运气，而是自我简化、整肃。从这个意义来说，一种思想，如果从者如云，迟早令思想者后悔；一本书，不管其自身多么杰出，如《论语》者，一旦读者太多，总不是什么好事。

见不见南子，这是个问题

《论语》篇章，最讨人喜欢的，除了指导生活的格言，就是那些有歧义的条目了——闲人可以销日矣，坏人可以托庇焉，觉得世界太大、心里发虚的，可以就此劫持圣心以理御物，看着别人过得好、心里有气的，可以从中锻炼些折磨众生的武器。天不生仲尼，万古无事做。

里边，有字义难辨的，如“无适无莫”条；有来历不明的，如“互乡童子”条；有上下文阙失，致不知所云的，如“色斯举”条；有行文简略，后人摸不着头脑的，如“叩其两端”条；有本来文义晓豁，唐宋人偏要无事生非的，如“问人不问马”条；有连唐宋人也相安无事，当代人偏要无事生非的，如“唯女子与小人”条。

当代人说得很多的，还有“无友不如己者”“民可使由之”等，要论胜义蜂出，还得属“唯女子与小人为难养也，近之则不孙（逊），远之则怨”这一句。这一句，前人已微觉有破绽：孔子是圣不是神，女人所生，又重孝道，似不该囫囵乱骂。而且家里重要的女性不止母亲一位，设想当世大儒捧起四书，一首“唯女子”吟哦未毕，太太一把茶壶掷过来，修身未成，齐家先泡汤了。所以宋儒出来作证说，孔子说的“女子”并非一概而言（邢昺），而是特指地位低下者，如妾侍、丫鬟、老妈子之类（朱熹）。

这解释对古人已足够，但在当代平等社会里，仍嫌不安。您上网搜索论“唯女子与小人为难养也”的学术文章，十之八九，都是在说这句乃是别的意思，孔子其实并不歧视女性云云。别的什么意思？五花八门，其中最不荒唐的，是多少在文字上有所依傍——所谓“多少”，是牵强之极但总算牵着点文字的边儿，要说一丁点儿道理也没有，我也不敢说。但一种是非常明显的解释，另一种是极其不自然，可能性虽有，但微乎其微而又微乎其微的解释，采纳哪一种呢？跳楼不一定死，走楼梯也有丧命的，奇怪的是行险的“弥缝家”自己下楼时都用楼梯电梯，并不速降。子曰：“谁能出不由户？何莫由斯道也？”“弥缝家”曰：“彼一时，此一时也。”

日常语言中，全称句子的不规范使用，是极普遍的，有时是图省事儿，有时是情绪化表达。如果孔子活在现在，多半会说：“有些女子，真是难伺候啊——我只是说某些女子，而且是在某种情形下，而且并不暗示一切男性在任何情况下都没有这种缺陷，也不暗示这种缺陷的分布有任何统计上的性别差异。”这差不多政治正确了，但谁会这么说话呢？多数人拿起话来就说，哪怕是弟子在侧，动不动书于绅，以便翻后账。在日常语言中，我们经常省略限制概念范围的修饰语，把限制的功能交给对话的上下文或语境，听者万一误解，说话的人有机会当面澄清。《论语》是一部断章，记录简略，语境很少保存下来，这就使“引申家”老有所为。即使孔子活在现今，讲究政治正确，慎言寡尤，但偶尔顺嘴一说，难道是难以想象的？说句错话，难道可能性会微乎其微？何况孔子是两千多年前的人，他歧视女性并不奇怪，他要是不歧视女性，那才奇怪呢。

但古代或当代的某类难以形容的人，需要一种超越历史、超越语言、超越人际经验的神圣存在。理性的不恰当运用，能使精神狭隘成为愉快的体验，最后痛快地相信，万事运行于自己的法则中，而孔子既是神圣法则的化身，随心所欲不逾矩，就不可能也没有能力与他们的小世界相悖谬。这些人迷信的不是孔子，而是一套抽象原则；他们心中的孔子，像是机器，或他们自己编写的输出真理的程序。

和孔子有关的公案，最汹涌的，是“子见南子”。

南子是春秋时卫灵公夫人，她与老家的一个公子私通，传得沸沸扬扬，有点名声狼藉。

《论语·雍也》篇有这么一章：

> 子见南子。子路不说（悦）。夫子矢之曰："予所否者，天厌之，天厌之。"

这意思很明白，就像孔安国解释的那样："孔子见之者，欲因而说灵公使行治道。矢，誓也。子路不悦，故夫子誓之。"

《史记》记此事，说事情之起，是南子求见孔子。旧事渺茫，这大概是汉人的猜测之辞，但当离事实不远。那么，孔子为什么往见南子？孔安国的解释已经是体面的，"欲因而说灵公使行治道"，是"干禄"的委婉说法。这是汉代通行的解释，如《淮南子》《盐铁论》等都持此说，有点儿为圣人打圆场，但确有道理，因为孔子有原则，不是为做官而做官的人。我自己也认同此说，即孔子见南子是社交行为，他要接近卫灵公，自然不便驳其夫人的面子，同时，想去看看美人，人情之常，没准儿也是个次要的动机。

接下来，子路为什么生气呢？汉代王充幸灾乐祸地直言："子路不悦，谓孔子淫乱也。"这是毫无根据的话，但南子是风流人物，孔子（那时快六十岁了）见她，传出去不好听，这是一种可能的原因。另一种可能的原因，是孔子自己说的，富贵之事，“不以其道得之，不处也”，然而屈身行道，会见名声不佳的南子，是不是有违自己的方针呢？是以子路不高兴了。

在头脑正常或平庸的人看来，子见南子，动机或纯粹或复杂，子路不高兴，或因此或因彼，反正就这么点儿事，没什么可议的了。

接下来，我们看看在一种学统或道统里，精神是如何变得狭隘而强横的。

“否”字,《史记》作“不”，“予所否者”即“如果我做了不对的事”。后来有人发现，“否”应该读如“否泰”的“否”，如三国时王弼说，孔子的誓语是：我受委屈，这乃是天意，天运不通，我自然也不发达，有什么办法呢？

真是奇怪的誓言。

而且，大概是从何晏起，开始有人想，孔子是老师，用得着向弟子起誓吗？（在头脑正常或平庸的人看来，老师向弟子起誓，有什么不可能的？怎么就不可能呢？或者说，这种可能性难道微乎其微吗？）

于是东晋的蔡谟从《尚书》里找到依据，说“矢”不是“誓”，是直陈。原来孔子是在给子路讲解天命运行。

这还远不算完。子见南子，前人一直理解为权变之事，不得已而为之。孟子说孔子是“圣之时者”，孔子自己也经常讲到变通，不愿效“匹夫匹妇之为谅”，这是孔子令人亲近的地方，见或不见南子，本来“无可无不可”。

然而西晋的缪播，动情地讲，那时卫灵公无道，人民穷困无计，只盼着孔子来解放，孔子牺牲小我，拯救众生，见南子实乃义不容辞，这叫“兼济而不辞者，圣也”。

这还不算完。大众早已服气，经学家仍不放心。北宋刘敞说：“仕者自当见小君，是时孔子仕于卫，故以礼见南子也。”小君就是国君的夫人，原来孔子见南子是遵守礼法，不得不见。刘敞的学问好得很，据说无书不读。南宋朱熹的学问也好得很，在《论语集注》中采信刘敞的解释，大模大样地说：“盖古者仕于其国，有见其小君之礼。”

可惜，这是他们瞎编的，古礼中并无此事。

事情有时越抹越黑，不如干脆一笔勾销。南宋孙奕在《示儿编》中写道：

> 说者皆引《史记》以谓孔子见卫灵公之宠姬南子，以愚观之必非卫之南子……圣人方以季桓子受齐女乐而去鲁适卫，至卫而又耻为灵公南子次乘，岂肯轻身以先于匹妇哉？又且六经以至鲁论家语，皆无见卫南子之文，不知子长何所本而云？然则南子者为谁？是必鲁之南蒯也？何以知之？……盖昭

公十四年南蒯之奔齐也，侍饮于景公，公曰叛夫，对曰臣欲张公室也。南蒯欲弱季氏而强公室，此夫子所以见之，将以兴鲁也，与佛肸事不约而同，故知其必非见卫之南子，而见鲁之南子也昭昭矣。

之所以引这么一大段，是因为它是一种典型文本。

孙奕的论证过程是，第一，孔子既然因为季桓子越礼而离开鲁国去了卫国（其实孔子去鲁，这事只是借口或诱因），又不高兴乘车跟在灵公南子后面，怎么会自轻自贱地去见南子呢？他的思路是，孔子既然反对了一件不合礼法的事，所以也一定不肯做一丁点违礼的事。首先，这大未见得；其次，会见国君夫人，在当时也没什么不合礼的。他的另一个推论是，孔子在后车看到灵公南子轻狂，心里不高兴，所以自己一定不高兴去见南子？为什么呀？这中间的“必”在哪里呢？

第二，孙奕说，当年孔子曾想去帮助叛乱的佛肸（晋国赵氏的家臣），用意是扶持公室，鲁国的南蒯（季氏的家臣）叛乱，孔子也一定想见。所以，孔子所见的一定不是什么卫国的南子，而是鲁国的南蒯。这是很显然的呀（昭昭矣）。

这简直没法儿反驳。那么，《论语》和《史记》里的记载，汉代的传闻，为什么都说卫国的南子，没一个人说南蒯呢？孙奕没有讲，我想，如果有人追问，也一定难不倒他——人到如此境界，是不会被问题难倒的，他会轻松地说：传闻异辞，或有人给孔子抹黑。总之，孔子见的，“必”是南蒯。

幸好南蒯的事，《左传》记得清楚，他叛乱失败逃离鲁国时，孔子才二十出头，离设帐收徒还差十年，而子路还是个小孩。

“子见南子”引出的无根之谈，还有很多，只列举数事，我想已经足够呈现，在抽象原则面前，日常经验是多么不堪一击。理也罢，道也罢，蔑视众生的理由太容易找了，一旦找到，让大千世界坍缩入自己的小我，真是再容易不过的事。而且，如果这只是个人精神的退化，则对大家无所谓，但讨厌在于，自以为理气充溢的人，没有一个不是声称在追求自身的完满，却没有一个不去找别人的麻烦。

“子见南子”在民国又惹出是非来。林语堂编了一出独幕剧，里边有“如果我不是相信周公，我就要相信南子的”之类的话，幽了圣人一默。曲阜第二师范学校的师生将它排演，被孔氏族人告至教育部。此事风波不小，鲁迅还编了一篇《关于〈子见南子〉》，辑入一些公文往复和报端的评说，如曲阜二师校长宋还吾答辩文云：“谓为‘侮辱孔子’，欲加之罪，何患无辞。纵使所控属实，亦不出言论思想之范围，尽可公开讨论，无须小题大做。”最后教育部息事宁人，草草了之，鲁迅还心里不平，以为是“强宗大姓的完全胜利”。

此事如果发生在今天的法治社会，孔家大概会诉诸法律。只是这里边的法律关系，如祖先的名誉权可否主张，家族关系如何确定，我是不明白的，尚待知者教我。这些已经离题远了，最后还有一个小故事：林语堂后来编杂志，刊名便叫《论语》。

“不仕无义”？

《论语·子罕》记录了孔子晚年的一句哀叹：“凤鸟不至，河不出图，吾已矣夫！”《史记》也记了这句话，文有小异，而定为孔子去世的两年之前所说。《礼记·檀弓上》又记了孔子临终的一个场景（《史记》也有记录，不如《礼记》详细），那天孔子早早起身，背着手，拖着手杖，懒懒散散地站在门口，口中唱道：“泰山其颓乎，梁木其坏乎，哲人其萎乎！”七日后他便去世。

孔子的哀音，伤感的是终于没有赶上圣人盛世，他的世界，相比于他出生、他参与公共事务之时，没有变好，反倒更加不堪，离他的期望更远。人之将死，想的一定很多，比如生命归宿之类，既然《论语》中没有记载，我们也只能遵照孔子的教导，“于其所不知，盖阙如也”。我们知道的是，在《论语》中，孔子的形象给确定为一个公共领域中的哲人，他兴趣的中心，始终是如何实现一个有道德的社会，他对个人品德的无上关心，也或多或少从属于这一目标。

《论语·微子》篇里，一句很有意思的话，是子路说的："不仕无义。"一般认为，他的这一思想来自孔子。后面他的简单论证，有人认为也是孔子的话，我跟从多数。下面的话是子路自己说的：

> 不仕无义。长幼之节，不可废也；君臣之义，如之何其废之？欲洁其身，而乱大伦。君子之仕也，行其义也。道之不行，已知之矣。

假如长幼之节、君臣之义之类的"大伦"是公认成立的前提，那么，仕与不仕的讨论，也没必要展开了。然而，这些"大伦"与出仕，在辩驳中的地位相同，同是异议的核心所在，那么，子路的一番话，未免属于循环论证。我相信如果孔子来谈这个问题，要比子路高明一些。

《微子》是很有意思的一篇，它的中心内容，是记录一些隐士的事迹和观点，以及孔子对出仕与归隐的态度。

在其中的一段里，两个隐士，一位叫长沮，一位叫桀溺，对孔子的弟子说："滔滔者天下皆是也，而谁以易之？且而与其从辟人之士也，岂若从辟世之士哉？"意思是，世道堕落如此，谁能把它怎么样呢？你与其跟着避开坏人的孔子一起混，不如跟我俩这样的逃避整个人世的人一起混。

其实，孔子也表达过类似意思："贤者辟世，其次辟地，其次辟色，其次辟言。""辟（避）色"与"辟言"，都属于避人。在那个时代的人看来，避地是容易的，避世也是可能的。至于通过远离共同生活，就把自己从与人类的关系中解脱出来，这如何是可能的，那时的人并没有多想。

后世的庄子，借许由之口说："鹪鹩巢于深林，不过一枝；偃鼠饮河，不过满腹。归休乎君，予无所用天下为！庖人虽不治庖，尸祝不越樽俎而代之矣。"庄子在这里表达了对公共生活的不屑：天下虽大，与我有多大关系呢？在位的人即使把国家治理得一团糟，也不归我操心。或借用孔子本人的话说，"不在其位，不谋其政"，大不了躲得远远的。

对一个寻求个人生活与公共生活之平衡的人来说，避世哲学的优点在于，这种哲学将个人从一堆"不仕无义"之类的义务中解救出来，或至少，它将一些被视为天经地义的教条，重新置为思考和辩论的对象，它迫使人从一开头思考个人在人类共同生活中的位置问题，而不是使用现成的规章来搪塞。避世哲学的缺点在于，即使不使用"义务"之类似乎过于严苛的概念，谁也不能回避，任何个人并不是只有"个人"这唯一身份，也许个人可以厌弃国家公民之类的政治身份，但要逃避其为人类的一员，以及随之而来的一系列属性，这种哲学提供的借口并不怎么强壮。

“公共生活”的问题成为严重的问题，总是发生在它的狭义上，在它给用来指政治生活时。公共生活并不只是政治生活，打铁以及谈论打铁也是公共生活的一部分，但在权力社会里，政治确实咄咄逼人。以庄子本人而言，他固然不介入政治，但他宣讲自己的避世理论，还写文章来传播，又如何在公共生活之外呢？而他的理论，以普遍的方式建立，如果只适用于逃避政治生活，而并非如其内涵所申明的那样能够适用于更广泛的人类生活领域，这本身就意味着内在的缺陷。

孔子对长沮、桀溺的回应是：“鸟兽不可与同群，吾非斯人之徒与而谁与？”——我是人，总不能自处于鸟兽中间，我不介入人类事务，又有什么是我的事务呢？在这里，孔子没有区分一般性的人类事务与特殊的政治事务，但他心里是有这种区分的。比如《季氏》篇中对齐景公与伯夷、叔齐的讨论，暗示孔子承认社会有不同的线程，政治不但不是唯一的，也不见得是最有解释力的。不过，大多数时候，孔子在谈论公共事务时，所指不外乎政治或伦理（这两者在他那里的区别不显著）问题。

在比较研究流行的当世，人们喜欢将孔子与其他文明的古典思想者拉到一个竞赛场上。我以为，在我们对古典世界的知识远为丰富之前，这种比较最好满足于趣味性的，而不要企图建立什么可靠的模型。趣味性的叙述固然是浮浅的，然而有些时候，在我们对事物的了解只有一鳞片甲时，满足于浮浅胜于强求深刻。

趣味性地比较一下，与孔子最接近的哲学流派，可能是斯多葛派，像爱比克泰德这样的思想者。到了“礼崩乐坏”的罗马时代，斯多葛派的哲学家也面临孔子的困境。且从塞涅卡的《论个人生活》中摘引几句：

> 伊壁鸠鲁说：“不到万不得已，有智慧的人不应过公共生活。”芝诺则说：“他应该走进公共生活，除非有什么阻碍。”前者强调的是原则上要过个人生活，后者则强调特定的理由。但是，这些理由却所在甚广。如果公共领域已然堕落到无可救药的境地，如果它已经被邪恶之徒占据，那么，有智慧的人不必做无谓的争斗，也不要做无益的牺牲。（袁瑜琤译文）

这种介于狂狷之间的立场，有点接近孔子了。孔子虽然知其不可而为之，然而乱邦不入，危邦不居，一言不合，抬脚就走，绝非“文死谏”之徒。

但那是战国呀，可以周游列国。假如身陷于一个强大的政治国家之中，如后来的秦汉，普天之下，莫非王土，那孔子该怎么办呢？不得而知。后来的儒生的作为，我们是知道的，但他们从哲学到政治行径，绝非如他们所宣称的那样能够代表孔子的取舍。

孔子晚年退而治学，后人从他的工作中所受的益处，远超过他的政治努力所带来的。但政治生活的压制性是如此强烈，孔子去世前哀叹的，仍是这个社会仍然不怎么样啊，而不是他的书还没编完。

塞涅卡动情地写道：

> 我们有两个公共领域，即两个国家。一个国家伟大，为所有的人真正共同拥有，这就是众神和人同在的国家，她没有边界，太阳照耀的地方都是她的国土。另一个国家，我们因为出生而登记在此的簿册上——我指的是雅典、迦太基以及其他的城邦，它们不属于所有人，而只属于有限的一些人。有的人要同时服务于这两个国家，而有的人只为其中的一个服务。我们甚至在引退之后也能为这个大的国家服务——实际上，我猜，引退之后能更好地履行职责。

为“这个大的国家”，即人类共同体服务，塞涅卡举了一些例子，如探究什么是美德，物质是连续的还是分散的，天上的繁星是从哪里来的，世界有边界吗？不论是航行还是沉思，人可以做的事情还有很多，而且，一些人的悠闲遐思要比另一些人的喧嚣躁进有益于人类。

这一思想与孔子的也很接近。我们看到孔子与塞涅卡，或孔子与某一位先哲的相通之处，并不一定意味着二者以某种神秘方式存有什么联系，或者相对于各自的文明处于相同或相近的地位，更可靠的说法，是人类生活的共通之处，在这里是政治生活的共通之处，使不同时代与地域的人，面临共同的问题。其中的一些问题，延续到今日，也并不奇怪，如果人类政治生活的权力本质并没有改变的话。这也是为什么，孔子的《论语》，仍然是适合今天的读物。

对于孔子或塞涅卡这样的人，难处在于，他们自己所奉持的对于人类的普遍义务，经常会被可疑的政治义务所劫持。但难道这不是热心人的应有之义？比如对孔子而言，他所见到的同时代人的困苦，难道不比普遍却遥远的、理论中的局促更值得关心？对眼前的恶的反对，难道不比抽象地思考善的问题，更迫在眉睫？这里很难说有什么高下远近之别，人的气质不同，选择也不同。

孔子去世前很是感叹，但与有些人相比，孔子可以说是幸运的。在孔子身后，中国一些士人比孔子更谨慎，仍然没好下场，例子太多了，比如给孔子作传的司马迁。

先说塞涅卡。他几次“出仕”，几次隐退，最后还是被他的学生（大名鼎鼎的尼禄皇帝）赐死。他努力死得像苏格拉底，具体细节，我们可以在塔西佗的《编年史》里读到。法国大画家雅克-路易·大卫，一生追随权力，描绘政治事件，而在年轻失意、离宫廷尚远时，画过一幅《塞涅卡之死》。在画中，有尼禄派来监督的百夫长，也有执笔记录塞涅卡遗言的弟子，这二者的对立，是这幅画的出色之处。

说到百夫长与学术，司马迁体会最深。他的《报任安书》是千古名篇，里边最有名的一段话是：“盖文王拘而演《周易》，仲尼厄而作《春秋》，屈原放逐，乃赋《离骚》，左丘失明，厥有《国语》……《诗》三百篇，大抵圣贤发愤之所为作也。此人皆意有所郁结，不得通其道，故述往事，思来者。”

很好。但为什么非要等到那时候呢？

未闻之道

《论语·公冶长》第十三章，记录子贡的一句话：

> 夫子之文章，可得而闻也；夫子之言性与天道，不可得而闻也。

《子罕》首章又说：“子罕言利与命与仁。”

顾炎武《与友人论学书》里有名言，由此生发而来：“性也，命也，天也，夫子之所罕言，而今之君子之所恒言也。”他是在批评宋明以降的许多读书人偷懒，不向实际知识下功夫，尽去讲茫昧难征之学，“舍多学而识，以求一贯之方”。

“天”“道”这两个词，顾炎武所批评的那类学人，是一瞧见就精神百倍的，“天道”连用，更如开门揖盗，须怪不得大家伙儿纷至沓来，上堂踞床，视主人如无物。

必须提醒的是，《论语》中孔子经常谈“天”，也经常说“道”，但“天道”一词，仅此一见，还是出自子贡之口。我们不知道孔子实际中有没有用过“天道”一词，但既然不见于孔子之口，当代读者，最好把它当作子贡自己的归纳。至于子贡说这话是在孔子活着的时候，还是死后追思德音，那就谁也不清楚了。

所以真正的问题是：子贡所说的“天道”，是什么意思？为什么夫子不怎么谈论它？

从《论语》看，孔子口中的天，是自然之天与伦理之天的混合物，不是人的意志所能左右的、事先预设的人类活动背景。孔子所说的道，即正道，是他所认为的历史的方向，他所认为的人类事务应然之义。

子贡说的“天道”，大概不是这二者的简单融合，不然似乎不会不可得而闻。

古人的解释，大抵是纷纷抒发己心：郑玄涉数术，说天道是“七政变动之占”；何晏喜《易》，说是“元亨日新之道”；韩愈留意《中庸》，便说性与天道是一回事（《中庸》：天命之谓性）；朱熹讲天理，便说天道是“天理自然之本体”。这些人，何尝尊重过孔子呢？

人之理性，以自身能力的充分实现为满足。春秋时代，形而上学还不发达，但孔门高弟，与任何人一样，总有追求本原的冲动，因为那是理性的能力所在。如果孔子净说些眼前的事，弟子恭恭敬敬听了，说不定心里有点不满足。子贡的话是恭维老师，里边似也有些抱怨的味道。宋代有人说，孔子不是不说性命与天道，而是这学问太深了，可与之言才与之言，上士如颜渊一准儿听说过，中士如子贡，就不可得闻。这全然是胡乱猜测之辞，但暗含了一个问题：假如天道是指某种抽象的思辨，那么，孔子到底是自己不曾有过这种形式的思考，还是思考不成熟，故不愿示人，抑或是因为缥缈难征，所以忍住不说，免得扰乱弟子的心思呢？

《述而》第二十一章："子不语怪力乱神。"古代流行的解释，是怪力乱神之说无益于教化，所以孔子不提。这是没道理的。第一，《论语》里大有无关乎教化——至少在正常人看来——的话；第二，一个人说些有益于教化的话不难，但一个人一辈子只说有益于教化的话，即使是圣人，也是根本不可想象的事。参照《论语》全书，我更倾向于认为这句话显示的是孔子注重经验的倾向，对原始迷信怀有疏远的态度。

孔子对抽象概念的态度，在《论语》中是模糊的。《阳货》第十九章：

> 子曰："予欲无言。"子贡曰："子如不言，则小子何述焉？"子曰："天何言哉？四时行焉，百物生焉，天何言哉？"

这里的“天”，与“天命”之天，似乎有所不同，而且，说孔子认为自然秩序是“天”的意志体现或自身具象，以及说他不这么认为，都解释得通——实在无法确知孔子心里在惦记着什么。另一处，《里仁》第八章：子曰：“朝闻道，夕死可矣。”这里的“道”，味道有些可疑。先儒或解释说，孔子之闻道，是指得见大道行于天下，比如天下太平，自己死了也甘心。这是很高尚的境界，可惜，《论语》中“闻”字常见，大约出现了五十次，多到足以建立孔子对此字的用法，而这用法并没有他们说的意思。但也不能确定地说这里的“道”有更为抽象的含义，此处存疑而已。

至此我们仍然不知道孔子不大谈性命天道这些“本体之学”的原因。中国哲学史的现代研究者们有个问题是，孔子是否从事抽象思考，或说得刻薄一些，孔子算不算哲学家？这问题信赖于哲学的定义，而且太过专门，非我所敢于求解。对我来说，一个粗浅些的问法是，孔子是哪种类型的智者？

这个问题后面再谈，先看看“子罕言利与命与仁”这句话。

郑玄解释说，孔子不怎么讲到利，因为那不高尚，不怎么讲到命与仁，因为那太精深，而民不可使知之，多说无益。郑玄对孔子“罕言”的动机的猜测，是无端的，但我们看到，他对“利”“命”“仁”，以及“罕”“与”，使用通常的理解，没有肇衅，毕竟汉儒风度。

但很多人觉得说不通。《论语》书中，孔子本人提到“利”不足十次，多是以批评的口吻，如“小人喻于利”，固可以说他“罕言利”，然而命与仁呢？《论语》谈（天）命的地方可不少（当年墨子非命非儒，还专门从这里批评儒家），“五十而知天命”“不知命，无以为君子”，等等，“罕言”何指？至于“仁”，更是孔学中最重要的范畴，《论语》中“仁”字多得让人耳朵起茧子，如果说孔子罕言仁，那他多言的是什么？

前儒释疑，或说孔子罕言利，至于“与”，是赞许的意思（《论语》“吾与点也”句中的用法）；或说孔子如果说到利，必与命和仁联系到一起，这叫“见利思义”。当然，也有少量的人，至此存疑，不强为之解的。

司马迁作《孔子世家》，我喜欢的一句话，是“余读孔子书，想见其为人”。“想见”是想象的意思，而想象者，就是通过日常经验重建其人其事的完整面貌，对话的环境，虽然不可得其真，然而没有这种想象，就只有割裂的文句了。

《论语》的内容是弟子所传诵的孔子言行（加上一些及门弟子的言行），其中所记孔子谈某事多、谈某事少，并不一定表明孔子实际讲论中对某事谈多谈少。一般来说，两者应是正比关系，但毕竟有可能孔子常说某事，然而《论语》记载却少，或者相反。

其实，这解释也很勉强。我们还可以说，《论语》传抄过程中或有文字脱漏或错误。这理由也不充分，因为没有明确的根据。我只是想说，面对古代不好理解的文本，最好的态度或是存疑，理由很简单：我们不在那里。

可以“想见”的是，孔子不是从天上向人间说话，他是在与弟子的日常聊天里，东扯扯，西扯扯，弟子听着哪句像是格言警句，就记下来，当时所记本就疏略（因为弟子知道对话环境，语义对他来说是清晰的，想不到会有后来这许多事），传诵和编辑中又会丢掉一些他们认为无关紧要的，于是就有了“子罕言利与命与仁”这样的话。何况我们不知道这句话的作者，不知道他在孔门的地位，是否能经常面聆教训，也不知道他是在什么语境里有这样的感慨或总结，在这种情况下，强为之解，等于相信文本的语义是自身充足的。

它也等于相信孔子（或世界上有这样的人）所说所行，皆发自一种严密的体系，且言行自身也构成严密的体系。这种思路，有点像宋儒的“理在气先”，先将孔子置于“理”的地位，则一切现象，他老人家的一言一行，怎么可能无理呢？

回到前面的问题：孔子是哪一类型的智者，他有严密的概念推演体系吗？目前看起来，不太像有。在《论语》中，我们经常遇到一些范畴，很像是他愿意让自己的思考停下来休息的地方，“天命”便是其一，其实“仁”也是其一。可能他确实不习惯就抽象问题冥思苦想，也可能他偶有所想，但没有清晰的结论，既然我们只能就眼前的材料——也就是《论语》——来判断，大概只能说，孔子想得最多的是人类在历史以及伦理处境中的事务，他的思想虽然偶尔会超越此境（《论语》中有一些痕迹），但我们从来没看到他在彼境中流连。《庄子》书中说“六合之外，圣人存而不论”，大概如此吧。

所有的智者都是珍贵的，而每个人因为性情各异，会喜欢不同类型的智者。就我而言，年轻时对孔子有点看不上眼，以为那只是一种世俗哲学，泥淖中的智慧，那时喜欢的是高屋建瓴，形而上者谓之道，有点像学棋不去拈子，以为棋诀一通，盘上莫不望风而靡。那时对《老子》，也比对《论语》更喜欢些。您看《老子》多爽利呀，“道生一，一生二，二生三，三生万物”，谁不愿意活在这样一种阶梯世界里，因为我们固然在阶梯的底部，但也可以循此阶梯而上啊。

曹魏时代的荀粲，传记里说他“常以为子贡称夫子之言性与天道，不可得闻，然则六籍虽存，固圣人之糠秕”。他哥哥荀俣替孔子辩解说，圣人谈论小道，但“立象尽意”，只是以小喻大，后面有深意存焉。荀粲摇头说：“理之微者，非物象之所举也。”在荀粲看来，只有性命、天道才是智慧的精华，至于仁义云云，思想的下脚料耳。

我原先也如荀粲这般想，中年以后，渐渐不太信服某类哲学。本体问题是我们每个人都关心的，但留意的途径，或不再是先前那种。我是三十多岁时才认真读一丁点儿宋明理学，效果是霍然而惊。如二程（程颢、程颐）说“万物皆只是一个天理”——予既不敏，实不敢追随这样的高贤。同样是不懂的学问，有一种，比如物理学，令人头白，而形而上学令人脱发，是要揪着头发上天之故。所以我宁可去看点形而下的物理学，虽也是不懂，毕竟保住了头发。

这些年再看《论语》，别有感触。《论语》不是十全大补的至理流出之地（尽管很多人这么认为），里边的教训大多与我无关，但偶尔翻翻，“想见其人”，觉得亲切。而再读《道德经》，就觉得生分。老子书中智慧丰富，但某一类思想，如前引的“道生一，一生二，二生三，三生万物”云云，这时看来，就觉得幼稚了。

为什么敢说这么不敬的话呢？先不说上古诸文明中都有此类思想（有人认为是从生殖崇拜中衍生而来），只说理性的倾向是颇以自身的抽象能力为满意的。简单的不一定是深刻的，思想不一定是知识，想象永远不是推演。我愿意打一个赌，向儿童解释“一生二，二生三”云云，要比向成年人解释容易。

所以，“夫子之言性与天道，不可得而闻也”，对读者来说，未必不是幸事。

卫国故事

读《论语》，读者可能会想到三个问题：第一，政治问题（或其他一切问题）能否充分地描述为伦理问题；第二，伦理能否约化为一系列道德命令；第三，道德命令能否由某一条至高准则推演而出。现代人，至少生活在当下的现代人，当不这么看待伦理，但对过去的人，对古老的伦理经验，这些问题是实际的。

顾炎武批评他的同时代人，说："出处、去就、辞受、取与之辨，孔子、孟子之所恒言，而今之君子所罕言也。"顾炎武之意是圣贤把"出处、去就"看得极重，孔孟就讲了许多这方面的话。是的，但同时，恒言出处去就，是否意味着即使对圣贤来说，那也是困难的选择，所以才会说个不停呢？

孔子是个一以贯之的人，但在《论语》中，我们颇可以读到他的思想冲突，而冲突最集中的地方，便是与出仕相关的一些事情。比如，孔子说："不在其位，不谋其政。"而《子路》篇有一条说，弟子冉求退朝，孔子问，怎么回来得这么晚？冉求说，朝里有事商量。孔子便说：那一定是细末小事，要是大事，我肯定知道呀。看来孔子即便不在其位，也念念不忘国家的政务，可谓身在江海，心驰魏阙。

孔子说：“不患人之不己知，患其不能也。”“君子病无能焉，不病人之不己知也”。然而孔子又说：“君子疾没世而名不称焉。”“四十、五十而无闻焉，斯亦不足畏也已。”他时时发一些牢骚：“莫我知也夫！”“知我者，其天乎！”还因原壤“长而无述”“以杖叩其胫”。

有人问孔子：您为什么不从政呢？孔子说：我在家里做做好事，就是从政了，难道还非得去做官吗？在《论语》中，孔子时常表达这淡泊或独立的一面，如“三军可夺帅也，匹夫不可夺志也”“君子居之，何陋之有”“吾与点也”。孔子未出仕或不想出仕时如此说，我们不能怀疑这些话的诚实，因为人不是单一动机的。

孔子也屡次讲到出仕是有条件的，他说，“危邦不入，乱邦不居。天下有道则见，无道则隐。邦有道，贫且贱焉，耻也；邦无道，富且贵焉，耻也”。“邦有道，危言危行；邦无道，危行言逊。”“贤者辟世，其次辟地，其次辟色，其次辟言。”“君子哉蘧伯玉！邦有道，则仕；邦无道，则可卷而怀之。”“道不同，不相为谋。”“不可与言而与之言，失言。”

孔子又说："天下有道，丘不与易也。"从字面上看，天下有道，不用自己动手去变易；天下无道，又不该把脚踩到泥里，那岂不是永远不该出仕？看来，孔子不是奉行一套简单指令的人，他要推行政治理想，不能只把自己关在家里。实际上，有一些出仕的机会，连弟子都看到那很不好，他也不愿放弃，如公山弗扰之召，佛肸之召。对弟子的质疑，孔子说：我又不是个葫芦，哪能挂在这里不让人吃呢？

孔子不是执一不通的人。他说："君子贞而不谅。"又说："岂若匹夫匹妇之为谅也，自经于沟渎，而莫之知也。"有个叫微生亩的人，对孔子说：你整天惶惶奔走，是不是要花言巧语，蛊惑世人？孔子反唇相讥道："非敢为佞也，疾固也。"这里的"固"便如"学则不固""毋固"之固，是"执滞"的意思。

不执滞的孔子几次出仕，结果并不如意。烦恼时他又有避世之想，"欲居九夷"，甚至"道不行，乘桴浮于海"。孔子毕竟是坚定的人，知其不可而为之，有时不惜降志辱身，这也常使自己身处麻烦，不论是实际的还是理论的麻烦。

孔子一生，真正算得上从事政务的，只有一回，是"五十而知天命"之后，在鲁国做大官。孔子的行政风格，大概是兼具灵活与执拗吧，而他的目标，是削弱三桓的势力，令权力回到君主的手里。堕三都失败之后，孔子的地位就很尴尬了，不久他找个借口离开了鲁国，这一去就是十几年。

看一下《论语》里孔子对政治的理解，不难明白他为什么行不通。他说："为政以德，譬如北辰，居其所而众星共（拱）之。"类似的表述还有："政者，正也。子帅以正，孰敢不正？""苟正其身矣，于从政乎何有？"孔子的意思是，政治治理就是做道德表率，自己做仁人，天下自然归仁。孔子当不会简单地将政治问题等同于伦理问题，但看起来不认为权力的行使，不论怎样调剂，其本性永远是恶的，孔子当是认为世界上有好的权力的。

孔子曾说："苟有用我者，期月而已可也，三年有成。"我想他从政四年之后，大概不再这么说了。孔子离开鲁国后去了卫国，虽受奉养，一直没有做实际的事。十几年里孔子一直在找介入的机会，几次离卫去别的国家，又都废然而返。所谓"返"，是回到卫国。卫国对孔子很好，那时他在诸国中名声很大，卫国乐意供养这么一位公认的大贤。孔子很看不上卫灵公，不过这里待遇好，再说也没别的地方可去，就将就住下，用孟子的话说，孔子在卫国是"际可之仕"。

不料卫国也成政治旋涡。卫灵公的几个儿子，长子叫蒯聩，少子叫郢。蒯聩本是太子，后与灵公夫人南子不和，要谋杀南子，事泄后逃亡晋国，依附赵氏。卫灵公死前，据说有立郢为太子的愿望。灵公死后，南子便要推立郢为卫君，郢却力辞不干。于是便按照继承权的顺序，选立了辄为国君。这位辄正是出逃的蒯聩的儿子。

这时晋国赵简子见有隙可乘，派人送蒯聩回卫国来争夺君位。辄不愿意让位于父亲，卫国人也不接受蒯聩，蒯聩便占据了黄河边一个叫戚（《史记》称为宿，是同一个地方）的城邑。这种局面持续了好多年。

《论语》中有两段对话与此有关。一处在《述而》篇：

> 冉有曰："夫子为卫君乎？"子贡曰："诺。吾将问之。"入，曰："伯夷、叔齐何人也？"曰："古之贤人也。"曰："怨乎？"曰："求仁而得仁，又何怨。"出，曰："夫子不为也。"

另一处在《子路》篇：

> 子路曰："卫君待子而为政，子将奚先？"子曰："必也正名乎！"子路曰："有是哉，子之迂也！奚其正？"子曰："野哉由也……"

这两段记录，使后人议论纷纷。

两处提到的卫君，都是辄（后来称为卫出公）。灵公既死，孔子食辄之禄，那么，在这场政治斗争中，他的立场是什么？子贡的提问是隐喻的，可能是觉得这个问题不太好直接提问；孔子的回答也是隐喻的，也可能是觉得不太好回答。伯夷、叔齐是有名的让国者，仔细推究孔子之意，似乎是大家都让一让就好了。这固然没错，但要是都不相让呢？孔子说要正名，子路便发笑道：老爷子太迂了，这怎么正名啊？

孔子讲君君臣臣父父子子，这时手心是君与子，手背是父与臣。何者优先？而且实际的政治形势远比前面简述的复杂，晋国的衰弱与齐国的见机谋霸，中间晋国贵族的纷争，宋郑卫鲁几个小国的彼此仇怨，吴国对楚国的牵制，都在扮演角色。卫国的“正名”果真是出路吗？

到底怎么正名，《论语》没有明文。用抽象伦理原则的推演代替实际的考察，以及对历史事件做出不必接受验证的判断，都是人们最喜欢做的事，所以先儒对卫国的局面各抒己见，意气风发，毫不奇怪。

汉昭帝时，有人冒充已故的前太子刘据，众臣惊疑，京兆尹隽不疑说，便是太子又有什么可怕，“昔蒯聩建命出奔，辄距（拒）而不纳，《春秋》是之”，下令收捕。他的根据来自《春秋公羊传》。《公羊传》提出两条原则，一是不以父命辞王父命，二是不以家事辞国事。王父便是祖父，即卫灵公。《公羊传》作者认为，虽然蒯聩是辄的父亲，但卫灵公还是蒯聩的父亲，所以他的意愿优先。这一认证本也似是而非，而隽不疑表面上"春秋决疑"，实际取了个巧：昭帝是武帝的幼子，如果刘据不死，昭帝岂不尴尬，不要说"太子"是假，便是真的，这样处置也大讨皇帝（或专权的霍光）欢心。

再看两种官方的态度。第一种，朱熹《论语集注》引胡安国之说，大意谓辄不像话，蒯聩也不像话，儿子不像儿子，老子不像老子，只有一个人像话，便是自己并不想当国君的郢，所以解决的办法是让郢来当国君，"夫子为政，而以正名为先。必将具其事之本末，告诸天王，请于方伯，命公子郢而立之，则人伦正，天理得，名正言顺而事成矣"。

这是一个荒唐的方案。它是想让食人之禄的孔子，把主上与主上的父亲全都废掉，只凭着自己胸中有一番大道理。何况孔子在卫国不过是一位客人，哪来的能力"告诸天王，请于方伯"呢——不切实际的方案往往是逃遁，把理论的失败推诿于实际事务。在中国历史中，这类"政治方案"我们还会见到很多（明末和晚清都有许多好例子）。

朱子竟然推荐这样一种方案，也许和他曾从胡安国的侄子受学有关，还有人猜想他是有感于宋朝的光宗、宁宗之事，但更主要的原因，也许是不如此不能“天理流行”吧。胡安国的著作多亡佚，在存下的著作中，朱子所引的几句虽然找不到，不过这番意思我们在胡氏《春秋传》里能看到。《春秋传》以其坚定的立场，渐渐成为春秋学中最重要的一本书，在宋便为皇帝的经筵读本，在元明两代都是士子考试的标准答案，也就是说，胡安国的方案，几百年里都是主流。

到了清朝，尊王攘夷的胡氏《春秋传》不适用了。乾隆时的《御纂春秋直解》，宣称要“揭胡安国《传》之傅会臆断”，重申孝道，说父虽不父，子不可不子，主张迎立蒯聩为君。

至此我们看到了三种态度，分别主张立辄、立蒯聩、立郢，说这样才是正名。每一种主张，都依傍孔子，宣称得到了孔子的真意；每一种主张，都言之凿凿，大义凛然；每一种又都将他种意见斥为离经叛道。

那么，孔子的真意为何？谁知道呢。其实这一提问，便是在假设孔子对任何纷繁的事务，每一时刻都有明确的见解，而我们仅从常识便可知道，这种假设是无法成立的。也许孔子最后或有一些新的想法，因为卫国形势的变化，终于连累到孔门。孔子离开卫国之后，门下还有几位继续仕卫。就在孔子去世的半年前，蒯聩靠着一场惊心动魄的政变复辟。子路听说自己的雇主被蒯聩劫持，赶去赴难，在宫门外遇到师弟高柴。高柴说：来不及了，赶紧走吧。子路说：拿着人家的工资，遇到事情不能躲开。卫国政变的消息传到鲁国，孔子悲叹道：高柴会回来，子路会死在那里。如他所言，高柴逃回来了，子路结缨而死。两位都是孔子高弟，奉行的道理，虽或小异，大体总是一致的，可见人的气质不同，不是道德理论能够随便改塑的。

毋　意

《论语·子罕》第四章：子绝四——毋意，毋必，毋固，毋我。

从哪里开始呢？一言既出，已同人类的其他行为一样，获得一种我们称之为“历史”或“历史事实”的身份，瞬间之后，逸入记忆的迷雾。苦恼于历史之纠缠的我们，愿意假定有一种原初的历史事实或“真相”，如“二年春，宋督攻孔氏，杀孔父而取其妻”之类，似乎在叙述一个静止的事件。然而遗憾，历史中没有静止的事件，一切都是给记忆之流带到我们面前，又从我们这里流开，我们自己的位置固然是一个切片，而历史长河又何尝不是只呈现于一个个切片中。所以，当我们探究，比如说，孔子某句话的“本意”，不意味着试图复原当时的活动情景，那不仅是技术上不能达到的，也是本质上没有可能的。那个情景确曾存在，但不在历史中，在历史中的，是人类言行的纠缠状态。在这种状态中，我们仍然致力于整理记忆，确定历史事实，仍然考察前人的“本意”，或哪一事件曾经发生过，哪些事件并没有真的发生，只是在保持或保护一个连续体的连续性，因为我们需要知道行为的后果。然而如果我们不知道哪些事件是真实地影响着我们的，哪些不是，秩序又何在呢？好比维持一个头脑的清明，需要尽量正确的记忆，我们都知道在疯狂的头脑中世界可以如何混乱，我们也见过一个共同体的历史感被淆乱后，行径可以如何疯狂。

感慨发过，且回正题。语言既是人类行为之一，又似乎比其他行为特殊，前引某弟子记孔子“绝四——毋意，毋必，毋固，毋我”，是个不太完美的例子，《论语》中有更直截的。那些冠以“子曰”的语录，一个语言事件如果同型地是自身的叙述，至少给我们带来一个解释上的风险：我们通常会问“那句话是什么意思”，而不是“那件事是什么意思”，而前一方式有可能通向语义性的解释，虽然我们的本意是要获得历史性的解释。

对孔子“四绝”（也有简称为“绝四”的）的解释，注疏史上争议不多，主要的分歧是对“毋意”的理解。大多数人的理解是，“意”就是“臆测”的意思，“毋意”，即不要轻易臆度、先入为主、想当然、以己意强推人意。

拿自己的心思猜测别人，不但没有任何不对的地方，且是最基本的人类活动之一。心与心之间虽有鸿沟，共同经验仍足依赖。而以己度人，界限在什么地方呢？或许，认识到自己经验之有限、理解力之有限，是自律的好的开始。他人的一件事，在自己看来难于解释、难以置信，对此有两种反应，一种是视为扩展自己经验的机会，一种是坚信别人那里一定出了错。理性使我们不满足于部分，而总以为看到了某种整体，所谓窥斑知豹，但我想，一旦出错，别人倒霉，自己却平安无事，正是最需谨慎之处。在家上互联网，常能看到人们的议论，难以接受的是，为什么这么多人对别人如此粗暴，为什么要轻易地推断自己闻见之外的事。有时就此发牢骚，常引用的词语之一便是孔子的“毋意”。

凭着孤零零的几个字，没人敢说知道孔子发言时，想起了哪类事例，但当不难想象，在两千多年前，如在今天一样，武断人心是如此普遍，想必有不少经历激发孔子与这一人类天生倾向作战的决心。“多闻阙疑，慎言其余”的孔子，自己是谨慎的，而也曾“以言取人，失之宰予；以貌取人，失之子羽”——个人经验之不可恃，善于反省的孔子以他的方式意识到了。假如孔子的时代有互联网，我想中年以后的他大概不会自以为见微知著，听到故事的一角便遽然论定一件事或一个人的全况。

虽不清楚孔子在宣布“毋意”时所想比我们以为的会更丰富些还是更简陋些，但像其他格言或书籍、文章中的表述一样，思想之流传，经常要借助于有力的表达。

在历史当中，当某种思想深入或丰富之后，我们仍会使用一些早期表达，尽管在这过程中相当大地修改了原意。另一种解释是，孔子之“毋意”属于人类特定的一种思想传统。那么，这一思想在当今的面貌是什么，它背后是哪些基础问题呢？

不妨回顾一下。辜鸿铭英译《论语》，“毋意”之“意”是 self-interest。他用的是朱子的解释：“意，私意也。”再往前，曹魏时代的何晏等纂《论语集解》，或先其锋。《集解》说“毋意”：“以道为度，故不任意。”何晏是玄学一流，《集解》中这一条是他自己所下，还是出自其他作者，已不可知，但援道入儒，确是那时代的风气。“任意”即任由己意，配以“以道为度”，《集解》实际在套用孔子的另一名言，“从心所欲不逾矩”，这与“意度”的旧训已明显不合了。考虑到《集解》注别处的两条，《先进》篇中“亿则屡中”及《宪问》篇中“不亿不信”，均训“亿”为“亿度”（“亿”通“意”，在这个意思上后世或写作“臆”）。说句绕口令，“任意”一词，颇有暗度陈仓之义，轻轻地将意度的解释代换为心志之义了。

“意”确有心志之义，在孔子时代也是有的。从文本学上，要驳倒朱子的说法，实不容易。若敢强起朱子于地下，恭恭敬敬地问一句：“您老真的相信孔子说‘毋意’是‘私心’的意思吗？”我相信朱子多半会说一声“是”。

那么我们也哑口无言，因为按照我们所理解的“毋意”的教导，实不可妄加揣度朱子的内心，他说是，那就是吧。

然而朱子还有话说。在注解中，他接着讲道：“四者相为终始，起于意，遂于必，留于固，而成于我也。盖意必常在事前，固我常在事后，至于我又生意，则物欲牵引，循环不穷矣。”

至此，我们已不必在意朱子是否相信自己在注解孔子，而可以决定不采纳他的解释了。朱子可以说服自己，而不足以说服我们相信，先于他一千多年的那个时代的孔子，会有这一篇大道理。一个沉迷于给世界建立简单秩序的人，即使是一位智者，有时也会削足适履，如儿童一样，只喜欢“从此快快乐乐地生活在一起”，而不乐见经验之枝枝丫丫。说句玩笑话，朱子不愿意解释“毋意”为不要臆度，也许这对他太扎眼吧。

先不说义训，朱说孔子“四绝”有理法上的次序，可有什么充足根据？难道没有可能，一个人随口说几件事，并未事先深研彼此之间的关系？难道几件事非得有内在的关系？《论语》中孔子一二三至七八九，经常数事并言，其中有递进者，也有明显没有递进关系的，“四绝”之彼此关联，可“必”吗？难道没有可能，《论语》中一些排比句，有些或出于弟子的整理？难道语句流传中绝无可能走样，或后世弟子整理篇章时，绝无可能另行排列？（实际上，郭店楚简中《语丛三》所引孔子“四绝”的次序便有小异。）人列举数事，即便有文义或意旨的连带，这种连带或出于深思，或者，更经常地，只是灵机一动，发于浅层的神经活动，或虽有意识深处的驱动而我们对之一无所知，这难道不也是很可能的吗？

一个喜欢意度的人，对所有这些问题都会说：“那怎么可能？”是啊，不合理的事，怎么可能呢？

“意”是理性活动，而理性的倾向是将自身公理化，将世界视为推演的材料而不是观察的对象。我们所以为合理者，既出于经验的验证，又合乎理性建立的秩序；但“毋意”所从属的那种思想会说：如果一个人发现自己的世界无不井井有条，那他正在面临认识的危险。

再举一例。《论语》首篇首章，是我们顶熟悉的一段话：

> 子曰：“学而时习之，不亦说（悦）乎？有朋自远方来，不亦乐乎？人不知而不愠，不亦君子乎？”

孔子说了三件让他快乐的事。他没有在接受记者访问，深思熟虑地讨论什么是世间万事中让他最最快乐的三件事（估计同我们一样，那或是吃饭什么的），也没有证据表明他是在和弟子讨论“什么是深沉的快乐”这样一种哲学问题，很可能，他老人家只是顺口一说，今天持此论，明天心情一变，或许又说些别的事情。

本来亦无人敢于僭称自己知道他当时在想什么，三国时的谯周忽地说道："悦深而乐浅。"这等于在说孔子此论也是微言大义。以意逆志至此，就像打开个潘多拉盒子，到了理学时代，各种大义，一时蜂出，大律是说孔子此意是在讨论为学之道，从学如何，学成如何，大成又如何。以意度他人为生平第一事业者，真是无孔不入。孔子有知，大概只敢一次往外崩一个字，至多一句半句了。

人脑的工作机制，我们还不太清楚。这里的问题是，人心里发生的事件，乃至呈现于言行的过程，有没有随机的成分？在古时候，或在当代，有许多种关于人的理论，仔细想想，其实是不承认这种随机性的，对人心的机械式看法，是不少意识形态的隐含前提。我也不知道到底有没有随机性，但我知道对此问题的任何断言都是武断的。

前些日子听说有一种计算机算法，可以从人的表情中判断出许多心理活动（测谎仪的后继），且准确率相当高，云云。这我是相信的，我也相信在未来，在人类外部特征与心理活动之间建立更靠得住的联系，或竟直接扫描或截取人脑活动的生理性信息，都是可能的。但我坚持以为，这种实践，永远达不到统一心理与生理的程度，对一个人之外的所有人类之研究所得，永远不可能完全解释那个人的一切。一个个体可以被完全解释，那是直觉上可以想象的、“理论”上可能的，而我选择相信这种直觉是幼稚的，这类理论是错误的，人类的经验扩展是发散的，不会向自身塌陷。这些都是很粗糙的个人信念，但当这么粗糙地一想时，从历史中获得的支持便包括孔子的“毋意”，一句语境不明的格言可以在眼前熠熠生辉，真是奇妙的事。

而好以己意断人者，若只满足于发明圣心，为害不大，可惜这种倾向总会与权力结合——实际上，我还没见过一种强权不抢先占领对他人心志的解释权的。历史中有无数迫害事件，留下的资料之一种，是完全或片断的审讯记录。那是真可令人心惊的。你既然这么说，一定那么做，一定那么想，诸如此类，受害者百口莫辩。此一点多说无益，盖因为权力不得限制，试图限制人性中的任何倾向都是不会有什么效果的。

毋　必

子绝四，上回说了“毋意”，这回说说“毋必”。

文本上，“毋必”的歧解很小。朱子解“必”为“期必”，使了个小心眼儿，但意思相去实不远。一般认为，“必”即认为事情之出没必将符合自己的想法，绝无意外。郑玄注《仪礼》说“礼不必，事虽知，犹问之，重慎也”，正是这个意思。

实际上，求“必”是我们的理性最主要的工作方式（如果不是唯一方式）。数学的建立，验证着我们在这一方面所能达到的成就。科学则是理性运用的最好范例，通过自身约束，不去宣称什么超越一切的真理，而是设定条件，接受验证，一点点积攒对真实世界的可信知识。

但孔子说的乃是人事。所以本篇只说人，不涉物理。人为什么会“必人”？显然是相信自己对同类的知识是坚实可靠的。在这一点上我赞美孔子，因为他认为不那么可靠，推论要留些余地。

科学的成功显而易见，不知是不是因为如此，几乎所有关于人类行为的知识，都在自称科学了，比如行为学、政治学。在我看来，这些知识只是在较小的程度上受到科学的影响，开始有意识地重视验证，而在更大程度上，仍是在延续它们打一开始就有的倾向，那就是宣称自己的确定性。

对于人的各种抽象概念，虽然曾经基于观察，而从来就靠着僭越讨生活，从自称透视千秋万代、官庶兆民，到最后视百姓如刍狗，好像天生就拥有粗暴的品质。比如我们熟悉的“五常”，仁义礼智信，在人类行为的伦理方面，曾经是好的抽象。在中国历史中，类似的概念、范畴，越到后来，抱怨的人越多，因为这些人觉得受到压迫，觉得喘不过气来。民国初期有人高呼“打倒孔家店”，未必是对孔子本人有意见，一种概念体系的堕落，竟似是不可避免的。

理性是盲人。它什么也看不见、听不到，无嗅无味，除了自我观照以外无知无觉。它处理我们的经验，同时，在事情进行得不太好时，藐视我们的经验。不像在科学中，每一对象都是（或尽量是）定义完好的，人类行为是如此杂乱，我们对人的每一种抽象定义，从来就不是边缘清晰、光溜溜的，而都是毛茸茸的，基于很不完全的观察，难以验证，无法捉摸。但理性就是那么工作的，它必须确信我们的观察是可靠的，如果不能，就假装确信。

仁义礼智信也罢，我们曾经或正在热爱的一些概念，正义、平等、阶级、国家等等也罢，谁肯承认自己不过是一些相当原始的抽象概念？我们需要这些概念，没有它们这世界就没有秩序了，然而自古以来，人类又何曾有过良好的或不会衰败的秩序？每一个这样的概念，都是基于对人类活动的观察，但当一个君主把美好的字眼绘在战旗上，一个学者合乎逻辑地在概念间推理，你我高呼口号，为一些抽象的东西愤怒或喜悦，所有这些人，可否意识到自己说的是活生生的、零散的人——那本来的对象？

我们都读过些书，见过理论家的工作，那是赏心悦目的，经常是有洞见的、富于启发的。但不是所有的理论家都能克制地意识到工作中的危险，毕竟，概念是友好的，推理是愉快的，遵从逻辑是令人满足的。危险在于，如果每一个概念都有不受控制的误差，那么通过概念演绎建立起来的思想大厦，其牢靠程度不问而知。将类似的思想体系化为意识形态，或劝诱或威胁，使之成为一大批人的操作手册，带来过多少灾难！看看窗外，看看新闻吧。

甚至“自由”，在许多人那里，同我一样，这是最值得珍视的概念。有个法官勒尼德·汉德（Learned Hand）

说过这么一句话："自由的精神就是不过于相信自己是对的。"请注意"过于"两字，我认为这是全句的精义；在我看来，自由几乎是自证的，我简直无法"过于"颂扬它……但且慢，"自由"不是先天的概念，它说的是人，而我不是别人的主体，自由是历史的，而我只活在当今，看来，"过于"是完全可能的。

使用概念来推算一种概念体系的堕落，是艰难的工作。但我们可以注意到伴生的一些表征。表征之一是封神封圣。我再珍爱自由，也不会称之为"神圣不可侵犯"，因为我不知道在这里"神圣"是什么意思。通常，被质问的时候，今天的人会说，"神圣"只是个表述，一个修辞，并不意味着超人世的什么。但同样的人，在别的场合却会忘记此点，而将人类的创造物置于人类之上（同时将其不喜之物，虽同为人事，置于人类之下，视为妖魔鬼怪）。在历史中，有太多的东西被禁止反对、禁止讨论、禁止验证，文字狱和诛心术只是这类限制的小者。当人称自己的创造物为神圣，或其他不可接近之物，理性的自满已经到了顶点，以为通过对有限的观察所得的演绎，会建立起一种公理系统，在其顶峰，耸立着某种母体，这样的神圣更像是蚁后的哲学，你我百姓，似不必被其吓住而三缄其口。一种思想，无论曾经多么高明，用心多么良苦，当演化成繁杂的体系，而其核心有一神圣物，而这种思想的思想者又对这种情况安然处之时，我们据此判断它不再有效，应该抛弃，总不会很错的。

还有一种表征是方便宜用。我年轻时对《论语》不太恭敬，有合理的原因，也有不合理的原因。后者之一是那时迷醉于严密的体系，而《论语》中的孔子东一句西一句，看上去缺少宏大思考。现在看来，孔子在这方面确有所短，但不像老子那样盖房子，同时这又是孔子的可爱可敬之处。孔子说，“以言取人，失之宰予；以貌取人，失之子羽”——我们对事物的认识，时刻需要校正。人的事如此麻烦，对人类行为的思考是很需要智力的，但当智者提出概念、建立思想之后，我们看到，逐渐地，对这些思想的运用成了最轻松的事。越是精深的想法，推之于用，越需要精细的观察、慎重的考虑，因为这类思想没有“必”可言，而对一些人来说，偏偏是思考的休息之处。还没见过一种思想体系，不论多么优越，不会演化成一套教义。教众只需记得若干教导，就可以理直气壮地虐待他人了。越来越多的人，视他人的思想之为工具，不是观察世界的指引，而是不观察不思考的理由。如果我们看到一个博大精深的思想体系轻松获得庸俗表述，当初卓越的意见变成口号，主张它越来越容易，不需要什么智力或诚实，而反驳它越来越难，便可以认为它没什么活力了。

我注意到的另一个表征是与权力结合。人类对自身处境的思考，及其成果——一批优秀的思想——都是在反抗权力的过程中孕育出来的，然后又无时无刻不在被权力腐蚀，再优秀的概念系统也是如此——实际上，越是优秀，越是有说服力，越是得人心，越首当其冲。古人云“得人心者得天下”，古人没说的是，占有好的解释体系者得天下。我也看到，我最珍爱的一些思想，在世界上的许多地方，正在将自身变为官方，比如“政治正确”里多数是我赞同的，但难道观念的力量在于通过政治权力来推行自己？难道一种思想的价值可以用它压制其他思想的数量来衡量？

美国的托马斯·杰斐逊，是弗吉尼亚大学的创建人，去年这个时候，弗吉尼亚大学校长引用杰斐逊的话，一位叫诺艾尔·赫德（Noelle Hurd）的助理教授写信反对，得到四百多名师生联署。反对的主要理由是，杰斐逊曾是奴隶主。

种族平等是最美好的观念之一。这样的观念也会在运用中堕落，实令人叹息。是的，堕落——当一种观念可以令人无视历史，无视思想本身的价值与思想者在社会价值尺度中的地位无关这一基本常识（但愿如此），它正在堕落。这不是观念的错，是我们的错，不是观念本身不成立，是观念的模糊的边界被人们忽略，考察的负担给丢在一边，运用的谨慎丧失无遗之后发生的事情。

美国现在的教育部长贝琪·德沃斯（Betsy DeVos）上任后，改变了校园性侵事件调查的一些规章。许多进步人士认为这是种倒退。得克萨斯州一位法学教授生气地在推特上说：我不能说我希望德沃斯遇到性侵害，但如果这样的事发生了，我也没什么难过的。

两性平等是另一美好的观念，人类为实现这一平等，努力了千百年，且正在努力当中。一种美好的观念，如何使其遵行者说出这样的话来？我如果不是试图遵从孔子“毋必”的教导，我也许会“必然”地推理说，罗伯特·兰科（Robert Ranco）先生一定认为性侵只对好人是错的，对另一些人则无所谓。当然不是，我不知道他说这话时在想什么，也许是一时迷糊，也许是认为观念优于个人吧。

上个月拉斯维加斯的一个乡村音乐节上发生枪击案，死亡人数几近六十。事后一位律师海利·戈夫曼-戈尔德（Hayley Geftman-Gold）在脸书上说，她甚至不同情这些死者，因为喜欢乡村音乐的人往往是支持共和党的带枪的家伙。

这是观念的力量还是观念的无力？在美国，观念很先进的人多反对共和党。然而，先进的观念也可以让人完全忽略人事之复杂，以为简单的推理便足以必然地解释世界，同时给自己的恨意正名。这样的推理太多了，平均而言，咱们一天中可以见到七八起，自己做出两三起。一般来说，我们使用的概念越先进，我们越有理由对他人粗暴，不是吗？

篇幅所限，无法多说，最后再引一个写罪案小说的三流作家詹姆斯·克拉姆利（James Crumley）的一段话：

> 小子，可别信任一个不喝酒的人，因为他多半是个自以为对什么事都一清二楚的家伙。这样的人里，有不少好人，但世界上的大多苦难，都是这些人以美好的名义制造的……但某些时候，你可以信任一个时不时跪在马桶前面呕吐的人，他有可能了解点人性，也看得见自己的愚蠢。

所以，亲爱的读者，比起某些正义在手、仇恨在胸的仁人志士，说不定还是我更可信一些，因为我昨晚刚刚喝醉，一会儿还要再去喝一场呢。

零钱与枝叶

唐宋以后，孟子渐被认为是承祧孔子的第一人。然而，对读《论语》与《孟子》，不能不感觉到两人的气质相去很远。比如说精神的丰富，孟子远不如孔子，而精神的丰富，虽然有些人似乎不觉得是什么了不得之事，甚至以为为学多方可能令人驳而不纯，但在思想史中，我们多次见到，正是精神的丰富，拯救了一些深思者，使他们不像另一些人那样，迷醉于人类思维的令人惊叹的能力，而全不顾这种能力经常将人带到离追寻真相相反的方向。对千奇百怪的知识的好奇，对人类事务的广泛关心，对春花秋月的赞叹和对抽象概念的适用性的不安，常能把人从冥想中惊醒，而冥想似应一遍遍地出而复入、入而复出，或能克服本身的缺陷，只负担指示方向的使命，而将铺设道路的工作交给更称职的其他能力。

孟子的坚定令人印象深刻。孔子说："吾道一以贯之。"孟子说："夫道，一而已矣。"孔子的意思是说，他的哲学（在这个词的广义上）有某种基本动机；孟子说的则是，对自身的最简描述便是哲学本身。“贯”的本义是串钱贝的绳子，后世朱熹曾以此为喻，批评陆九渊之学，说若没有许多钱，只有一条绳索，把什么来穿？据此看来，如果说孔子是老财主，孟子有点像新财主，初识高明便惊为不二之学，终身奉之，不暇他顾——这个比方粗暴了，很是对孟子不敬，而我在很多方面都是敬佩孟子的，但不能不说的是，有的思想者，我们尽管不同意他们的最终结论，仍喜欢阅读他们的著作，因为在他们的思辨过程中，有太多的智慧与同情心，令人无法忽视。如同一条道路，虽然终点不是我们想要的，那路上的风景，所在迷人。而还有一些思想者，如果我们不同意他的最终结论，那著作对我们的意义就有限了。孟子应该是在二者之间，而他的一些后学的书，今天读来实在无味。

回到《论语》，《卫灵公》篇中有这样一章：

子曰：“赐也，女以予为多学而识之者与？”对曰：“然，非与？”曰：“非也，予一以贯之。”

又《里仁》篇中记载：

子曰：“参乎！吾道一以贯之。”曾子曰：“唯。”

子出，门人问曰："何谓也？"曾子曰："夫子之道，忠恕而已矣。"

这两章文义显明，在宋代之前，并无多大争议。用今天的口语转写，大意是孔子对子贡（端木赐）说：你是不是觉得我老人家学问大，所以见识高？子贡说：当然啦，难道不是吗？孔子说：岂止如此，我心里是有一套宗旨的。孔子又对曾参说：我的精神追求与实际主张，贯穿着一种基本主题。曾参说：是。然后曾参又对其他弟子说，夫子的主题就是忠恕。

这两段对话，引出的意见分歧来自四个词。第一个是"道"，第二个是"贯"，第三个是"一"，第四个是"忠恕"。

"忠恕"本无歧义，宋以后的学者将"道"和"一贯"提到至高后，特别是以《中庸》解《论语》，"忠恕"便像是渐近功夫，不足以当（《中庸》里有一句话，"忠恕违道不远"——虽然不远，离"道"还有距离）。一种解释认为，曾参那时还年轻，说深了他不懂，所以孔子只提忠恕，勉励他从"行"上用功。又有人说曾参已得深意，但恐"门人"不能理解，所以只将"忠恕"传达于众。小程子（程颐）和朱熹又将忠恕拔高，说忠恕是以己、尽己、推己，"以己，是自然底意思；推己，是反思底意思”，等等，立意虽高，但不得不说离孔子本意，恐怕相去很远。（还有一说，称“忠恕”二字都有“心”的偏旁，所以是“中心”“如心”的意思，这种拆字法很荒唐，朱子居然说它于义亦通。）后来不满意程朱陆王之学的人便说忠恕就是忠恕，孔子的“一贯”，不是玄学，而是平常笃实的践履。清代的扬州学派，多持此论。

对“道”字释义的分歧，与对“一”和“贯”的解释相关。陆九渊说：“道不外索，患在戕贼之耳，放失之耳。古人教人不过存心、养心、求放心。”意思是多学而识之类，都是“艰难支离”，而“一贯”便是看护自己的“心”，“日夕保养灌溉，使之畅茂条达”，道在其中矣。王阳明说：“一如树之根本，贯如树之枝叶。未种根，何枝叶之可得？体用一源，体未立，用安从生？”立意又是很高，但我相信《论语》的每一位现代读者，都不会相信这是孔子的本意。

朱子较陆子平实，而且重视万物之“理”。他著名的解释是：“一以贯之，犹言以一心应万事。圣人之心浑然天理，而泛应曲当，用各不同。”“泛应曲当”的意思是不论万物如何特殊，都在浑然一心的鉴照之下，这叫“会万殊于一贯”。朱子承认世上万物各有各的道理，主张多学博闻，“不可去一上寻，只须去万上理会”，这比陆子的学说亲切许多，但说到“理一分殊”的尽头，仍然矗立着一尊至高无上的抽象物。他注解《中庸》“德輶如毛，毛犹有伦，上天之载，无声无臭，至矣”，说道：“德輶如毛，则庶乎可以形容矣，而又自以为谓之毛，则犹有可比者，是亦未尽其妙。不若文王之诗所言‘上天之事，无声无臭’，然后乃为不显之至耳。”这种“无毛”的不显之至，即程子说的“冲漠无朕，万象森然已具”，会是孔子用来贯穿思想的“一”吗？

《论语·述而》中，孔子说：“盖有不知而作之者，我无是也。多闻择其善者而从之，多见而识之，知之次也。”这句话兼有自谦与讽刺。孔子在别处说，“生而知之者，上也；学而知之者，次也”，似是承认世上有生而知之的上圣，但那只是传说，孔子是没遇到过的，相反，倒是见到一些“不知而作”的人。在这“次等”的多学博闻中，孔子可以自诩的，是自己并非任意漂流，而是自有怀抱。至于他内心的中心问题，究竟是什么，是政治理想、死生大义，还是某种个人神学，或别的什么，我们只能猜测其仿佛。

但这并不是说对孔子的任何一种解释，在可信程度上，地位都是平等的。尽管都有猜测的成分，一种能够与《论语》文本相印证的解释，与一种入室操戈的解释，我们采信哪一种呢？孔子本人又会采信哪一种呢？当然，一种依傍孔子而建立的哲学，本身可能很高深，只是这不能使它在释读《论语》上更加权威，正如我们不采纳对《论语》的哲学解释，这并不包含对那种哲学本身的评价。“那不是孔子的哲学”，我们会说，虽然公元前好几百年的孔子如果有那么精深的系统思索，确也是光彩的事。

一个问题是，宋明理学所代表的特殊的形而上倾向，尽管我们不认为像其秉持者声称的那样从孔子之学中流出，但还是得考虑，这一倾向是否有一小部分源自孔子？毕竟，儒学与孔子的关系，实在是太紧密了。在《论语》中，我们没有见到孔子明确地建立抽象体系，不过他也显示了相当程度的概括喜好，比如“诗三百，一言以蔽之”，比如回答子贡问的“一言而可以终身行之”，当然也如“吾道一以贯之”，这种气质与后儒的“一理万殊”等哲学有无直接关系？对此，我个人的意见是否定的。理由是，孔子的抽象力，或者是有节制的，或者是由于某种原因没有充分发展，相较于同时代的一些哲学家，特别是相较于后世战国时代的一些，很不显眼。每一种哲学，都有体系化的内在倾向，每一个思想家，都会或多或少地着迷于理性的精微力量，着迷于本体问题，仅仅因为后儒祖述孔子，便将一种自身的能力表达以及随处可以找到的启发归功于孔子，有些随意了。

人有能力为自己的思维建立精密的演绎体系，这可不意味着人的精神结构便是如此。从感官到概念，这一过程到底是如何进行的，我们所知甚少，也不知道在自己以为寻常而可靠的推算中，对自身进行了多少种无法证实的假定。实际上，我宁可要现在这一位没有深邃体系的孔子，而不愿意另要第二个老子，宁可欣赏来自观察的智慧，不愿意替换为另一种——尽管价值并不低于前一种——闭眼深思的智慧，因为那毕竟是在两千多年前啊。

说些题外话。从古到今，每一个足够抽象的体系在解释世界时都遇到麻烦，而且随着经验的扩展，麻烦越来越大，体系失效越来越明显。然而，总会有人认为，之所以出现这些麻烦，是因为前人选错了原点。在一代又一代的努力中，永远不乏新的原点，不乏新的体系，不乏新的期望与失败、新的辩护和恼怒。不得不说，在形而上的探索中，人类所得良多。然而，这种思维方式拥有忽视“万殊”的内在倾向，使之可以用来畅快而粗暴地解释、裁决、禁止不合己意的纷繁意见，这可能是为什么历史中所有的思想专制，都会拥抱一样类似的演绎体系。这也许并不是我们形而上思维能力的过错，遗憾的是人类社会便是如此，一件东西最美好的方面尚且可以为权力所利用，何况其缺陷。

我们容易认为，社会之所以不够先进，是因为没有发明更先进的理论，或者说，激进而高远的理论竞争是我们的前景所在。这当然是有道理的，但在实际世界中，我们观察到的与此几乎相反。比如正义，经常的情况是，越是普遍、高等、绝对的正义理论，越有可能导致容忍不正义的实践。当然，这不是理论家的错。也许我们的社会便是如此，也许我们自身便是如此，我们一旦将某种光芒四射的正义理论放到太阳的位置，它几乎总是不像我们期待的那样照亮万物，几乎总是造成更多更暗的阴影，让我们理直气壮地做出从屠杀与迫害，到撒谎与偷窃之类的事，而且比以前做得更多。伟大的目标，是人类不幸的一半来源。

老子

构建抽象世界的抵抗者

大概将自身的精神结构映射到物理世界中，是我们的天生趋势，而一些基本的信念，如万物有始、简单高于复杂，又是我们绝不会抛弃的。如此说来，老子的思想道路现仍在我们脚下，在这个意义上，他确实是先驱者。

世界的起点，还是思维的终点？

哲人，特别是古代的、擅长抽象思考的哲人，通常对两种人最有吸引力，一种是喜欢智力活动的人，一种是厌惧智力活动的人。对前者来说，古代哲人创造了动机，后者则睡卧在其临时的结论上。所以哲人既可以是洗涤机，解除日常繁杂对心灵的蒙蔽，也可以是吸尘器，引来最不思进取的懒汉。老子（我们认为是《老子》书作者或主要作者的那个人）的命运也不例外，而且不得不说，他的后一种命运似乎更显著一些。

《庄子·天运》有这样几句话："夫《六经》，先王之陈迹也，岂其所以迹哉！今子之所言，犹迹也。夫迹，履之所出，而迹岂履哉。"《天运》的作者称这是老子在教训孔子，此事不可信，然而话中的道理，是可喜的。老子所达到的结论，是陈迹而不是其"所以迹"，其所以迹，或履，是他"游心于物之初"的精神气质以及结合演绎与想象的思想能力。后人如果放弃他的工具，放弃寻找其他有效的思想工具，只知念诵"道生一，一生二"，便自命有道之士，或竟认为万物无所逃于这几句咒语，一切知识都是抽象法则的衍生物，此时，难道不觉得前面有一只机器在嗡嗡作响吗？

《老子》书迷人处之一，是老子对“道”的描述，以及由此建立的世界模型，以及对我们如何顺应这样一个世界的生活建议。他的模型如此简化，简化到可以附着在任何观察之上；数学家说，包含一切集合的集合是不存在的，但老子的“道”是自我包含的（他发明了“自然”一词表达此信念），这是以拒绝思维为思维的最后结果，也是行大方便，创造了前所未有的容器。老子用空无“冲”“渊”来形容道，如黑暗广大的深谷，不论投入多少思考和观察，都不能返回信息。这是他发现的思维终点，不过，这一纯粹思维的作品，通过无人了解的机制（老子用生殖来比喻，然而只是比喻而已），与实际世界联系起来，不但联系，还化生呢。对现代人来说，这理论尚需逾越一个鸿沟，对古人来说，则似乎是顺理成章之事。

先来看看老子的道是什么。

《老子》书头一句：“道，可道也，非恒道也。”意思是，“道”如果能够描述，那就不是“道”了。就凭这一句话，老子已经赢了，因为在围绕其“道”的辩论场上，无人有话可说。有人会想，以不可定义为定义，这如何可能？我也不知道，但作为读者，我们也许应该先弄明白，老子的“道”，所企图描述或映射的是头脑中的先验精神，还是头脑之外的超验存在。

之所以会有这样的疑惑，是因为《老子》对“道”的不可捉摸有生动的形容，特别是在第十四章、十五章和二十一章中。按老子的说法，“道”（或其呈现）恍惚幽冥，恍惚则若有若无，幽冥则远在感官之外。如此说来，“道”作为万物的父母，自身也是一种实在之物。

同时老子又介绍了知“道”的进程，叫“闻道者日损”，“不窥于牖，以知天道”，通俗地说，就是一层层摒去实际知识，以及对实际知识的知识，剥到最后，无可再进，就是“道”了。这是抽象，是思维的一种进程，它的终点是理性能力的边界，它的终点是我们自身。

《老子》第二十五章里说：“有物混成，先天地生，寂兮寥兮，独立而不改，可以为天地母，吾未知其名，字之曰道，吾强为之名曰大。”前几句，老子所形容的是世界的实在起点；后几句，则暗示它也是逻辑起点。通观《老子》，可以说老子并没有区分这两者，也许是因为他没有注意到，也许是在他的哲学里，二者并无分别。第二十一章中有几句晦涩的话：“中有物兮……自今及古，其名不去，以顺众父，吾何以知众父之然也，以此。”众父即“道”，老子的意思大概是，他之所以能知道“道”

的存在，是因为它有所化生，且为其赋名，凡物有名字，一定都有起名字，追溯上去，便是道了。我的解释可能是错的，假如不是很错，这又是描述思维的进程了。

第四章说道“挫其锐，解其纷，和其光，同其尘”（有学者认为这几句是错简，暂不从），意思是说，“道”与万物不同，后者有纷繁的、可供感知的特征，前者则没有。同样的话，在第五十六章中又用来形容有道的智者，又一次，道与万物，最高智慧与实际知识的关系，给视为等同。在老子这里，概念运动与世界呈现似乎是两个方向上的同一过程，这可能是今天的读者难以接受的。

古典哲学家比我们更有魄力找到世界的起源。古希腊的米利都学派，认为世界的原初构成是水，或气，或“无形”，抽象程度越高，似乎寿命越长。泰勒斯的“水”早已流尽，阿那克西曼德的“无形”，现在还有人引用。大概将自身的精神结构映射到物理世界中，是我们的天生趋势，而一些基本的信念，如万物有始、简单高于复杂，又是我们绝不会抛弃的。如此说来，老子的思想道路现仍在我们脚下，在这个意义上，他确实是先驱者。

宇宙膨胀理论成形，时当民国，便有人说暗合老子，暗合《易经》，暗合这个明合那个。此论至今不绝。而且不止中国，许多国家，只要保留下远古思想文本的，都有相似的欣喜。不同地区的人类，早年在自然界中的地位相近，思维能力又一致，各自拥有由一而多的原始哲学，是当然之事。大爆炸理论符合人类目前的观察，但也只是目前而已，它在明天便可能给推翻或降级，但一种抽象至极的哲学是永生的（或者说是生物基础的），谁也没办法推翻它（或者说谁也没办法改变自己的思想方式），它只是无用而已。

幸好老子哲学不止于此。老子解释世界吗？是的。如果他不去解释，只说一声“信不信由你”，他的哲学更无破绽（当然，有人会认为更加无用），但世界上没有一个哲学家不同时还是父亲或母亲、军人或裁缝、大臣或叛徒，高明如老子，也要将他的哲学与他的经验联系起来，也要将“道”与他的政治主张以及对个人生活的建议联系起来。在《老子》书中，我们看到两条路线：一种是思辨的，由个人感知到“道”；另一种是实际的，由“道”到实际事物之理。老子在自己的抽象精神中攀到他称之为“道”的顶点，又原路退回，返到那些令他觉得有意见需要发表的事情上。在一条路线上，他宣称“归于其根”，如同道之“归于无物”；在另一条路上，他又归于他所蔑视的经验界。也许当初，正是日常经验促使他把智力转向抽象思辨，得道后，他的主张是“复守其母”“知者弗言”，但一个深夜里的哲学家，也会迎来日光，迎来孩子哭老婆叫的日常生活，以及自己作为史官、教师和愤世嫉俗者的其他身份。

与孔子相类，老子对个人生活以及社会前景都有独特的看法，只是在我看来，这些看法与他以“道”为核心的抽象哲学之间的关系，尽管他着力阐明，也是相当虚弱的。他的政治观完全可以在那个时代找到来源，他的哲学观念无疑强化了他的其他观念，但要说是其起源，恐怕是将过程颠倒了。

我们不应该忘了，老子的时代，是普遍信念渐趋破产的时代，周朝官方的教义破烂得捉襟见肘，大小君主挟民以争，刀戈在头顶闪耀时，礼义自然被踩在脚下，连巫祝都没了信誉，拥书自雄的老子孔子，这些人新的地位何在？孔子有孔子的固执，在老子看来是低等的；老子有老子的计策，在墨子看来能屈而不能伸。先秦所传老子的事迹，真假难辨，但从《老子》书看，这位老人家给自己找到了一种精神力量，使外界的荣辱顺逆对内心的影响最小，其间甘苦自知，但确也是一种抵抗的样板。

从这书来看，老子所抵抗的，也是他最萦怀的，与孔子相类，还是政治或伦理的败坏。这一点使老子的哲学与前面提到的米利都学派的有所不同，他的兴趣更倾向于人际事务而非物理事件，虽然他与儒者的方针是相反的，仍然是对同种处境的不同反应。在后代的好多年里，出则儒法，入则庄老，不论是为自己计，还是为天下计，读书人又何曾离开此局。

我个人不十分服膺老子的哲学，不在于他由“道”至万物的演绎过程的逻辑缺陷，不是因为“道”自身的不圆满（它是无法反对的），而是因为它过于圆满，对世界的解释如微风吹拂在高山上，流行无碍，却不能动一木一石。除此之外，更在于《老子》书对一些事务的结论，关于个人、关于社会、关于人类，很多是难以接受的。这涉及一个人对人类有什么样的期望，我们不能说老子是错的，或不好的，而需要自己来决定，要不要在他的世界里生活。

但想象两千多年前，有一位洁身自好的人全身心地投向精神活动的乐趣，有勇气把自己的思想推至极致，多么可佩！得道的老子走出房门，欣喜而孤独，看到世界依然故我，也不怎么在意了，这是很难做到的。

老子是我尊重的智者。我难以尊重的，是今天的人，还会守着“空”“无”“道”“一”这样的原始概念，日日关心的只是营求，坐享他人在另一条道路上探索的利益，然后撇嘴道：“老子早就说了。”老子何辜，至为此类所用？一种哲学，或者彻底将自己形而上化，放弃格致，或者解释万物，则必须接受检验。一个人左《易经》右《老子》，一万年也造不出电灯了，那么，如上所举的高见，似只该在油灯下发表，才算诚实。然而一个民族珍贵的传统、无双的智者，有时会成为该民族的借口，也是没办法的事。

概说便是这些了，一些细处，容后讨论。（所引《老子》文，章次依流行本，文本则依帛书，替换了一些假借字。）

老子与皇帝

十九世纪英国诗人丁尼生，写过一首《老子》（*The Ancient Sage*，实际是对“老子”之名的曲折翻译）。其中有这么四句：

> 小子！世界黑如悲伤，暗如坟墓，
> 如此黑暗，人皆向昊天哭诉。
> 焉知黑暗不是人心自生，
> 黑暗的门，带你进入光明。

后两句有些老子的味道，但前两句的悲哀，却非《道德经》所有。诗中又有两句说厌倦了城市的喧嚣，要到山林中度过余生，这也不是老子的思想。

丁尼生没有接触过庄子（至少没有证据），但此诗中的悲观，对人生如梦的感慨，对物质外壳的厌恶，如果一定要说他暗合了中国的哪位先贤，那只能是庄子。

老庄异同，前人多有发明。今只说老子与庄子在正统中的地位，那是很不一样的了。

我们知道，西汉推重黄老。这并不仅仅是出于汉文帝夫妻的个人口味，在那时的人看来，所谓“黄老”之学，是一种治道，或统治术。黄老一派，后来输给了儒学一派，然而能在朝廷中争宠，自是殊途同归，有益于治天下，所争者只是“何以利我国”。

司马迁将老韩庄申四个人放在同一篇传记中，正是汉人见识。其中的韩非，是中国第一位自裹糇粮的帝师，司马迁说他的学术“其归本于黄老”，是汉代口吻，其实，韩非倒是汉代人所谓“黄老”的列宗之一。韩非之时，“黄帝”一派还没有具形，至于老子，他是重视的，专门写了一篇《解老》、一篇《喻老》，详加阐发，或者说加以改造。庄子呢？《韩非子》全书不曾提到庄子之名，不过《忠孝》篇中说：“臣以为恬淡，无用之教也；恍惚，无法之言也……臣以为人生必事君养亲，事君养亲不可以恬淡；之人必以言论忠信法术，言论忠信法术不可以恍惚。恍惚之言，恬淡之学，天下之惑术也。”用今天的话形容，韩非“有力揭穿”了庄子之学不利于国家的性质。韩非没有点名，不过他的老师荀子批判庄子滑稽乱俗，恍惚之言又是庄子的招牌。如此看来，韩非的“惑术”名单中如果没有庄子，倒会是奇怪的。

扬雄，另一位义形于色的卫道士，对庄子的评价有简短的两句：好处是“无欲”，坏处是“罔君臣之义”。庄子的无欲与老子的无欲貌合神离，我想扬雄是将庄子“老化”了，不然，多半连这一条好处也没有。至于“罔君臣之义”，那确实是庄子之要害。后人批评庄子，如程子说人是活物，怎么能是槁木死灰呢，朱子说庄子保身避祸，简直就是世俗乡愿的见识，这些都不着边际，徒令庄子笑于地下，只有在政治上批判庄子，才能令其倒而且臭。

老子的运气要好很多。各代学者的吹捧不计，连皇帝，除了苻坚那样的糊涂虫，对老子也很客气。唐朝皇帝编造出身，说自己的先祖是老子，显然是将老子视为可亲可敬的体面人。庄周不姓李，然而即便姓李，李唐也不会认他为亲戚的。

唐朝有两位皇帝御注《道德经》。其中，唐玄宗本人是喜欢庄子的，南华真人和《南华真经》的名号，就是他所钦定。他的注疏中也屡次征引庄子文义，但毕竟是皇帝，立论离庄子很远。如他解释老子的“虚其心”，说“情欲不作，则心矣”，即王弼讲的“心虚则志弱”，是没有错的；又引庄子的“虚室生白”之说，则是在改造庄子，以皇帝之心，度逸民之腹。接下来解“实其腹”，实有高论：

腹者，含受之义，足则不贪，欲使道德内充，不生贪爱，故云实其腹。

老子之义，本来是“腹怀食”。虚其心实其腹，即“酒要多吃，事要少知”，三个饱一个倒，不思其余，则天下大化，就容易得很了。这一点，古往今来的圣贤都知道，没有一个皇帝愿意子民吃不饱饭，但天下难治啊，万一有时，多数是因为天灾，或外界因素滋扰，百姓吃不饱，怎么办？须知饥民者乱之萌也。唐玄宗说了，不要紧，还有精神食粮，只要“道德内充”，满怀高尚情操，少吃些也不会饿，饿了也不声张。

顺治皇帝亦曾注解此句，我们读了，便知自古皇帝是一家。顺治说：“圣人之治，使人心常虚而腹自实。”这里用了“自”字，意思是使人腹实的不是食物，而是“理”，天理是理，仁义是理，为国牺牲也是理，饥饿者欲也，“欲尽理还，而腹实也”，只有抛弃低级的生物本能，才能加入高尚的存在，统一内心与肚子，内心充实，肚子不食自饱。

以前面提到的“无欲”为例。《老子》书说无欲，有两种场合，一种是形而上学的，此处不论；另一种是关乎治术的，他说，君主或圣人“不见可欲，使心不乱……常使民无知无欲。使夫知者不敢为也”“绝圣弃智，民利百倍……见素抱朴，少私寡欲”“我无欲，而民自朴”，“圣人欲不欲，不贵难得之货”，以及：

> 道常无为而无不为。侯王若能守之，万物将自化。化而欲作，吾将镇之以无名之朴。无名之朴，夫亦将无欲。不欲以静，天下将自定。

很明显，老子的无欲、寡欲、不欲，是实现安定团结之政治局面的途径，要让人民无欲或少欲，而不争斗，但要做到这一点，君主不得不以身作则，自己也要减少欲望。

如若做不到呢？老子没有说，但我们知道，历代皇帝都以俭示人，穿一次粗布衣服，天下皆知，盖有无知在前，使民无欲就不那么难了。

再看庄子，操心的不是帝王，而是像他这样的人，如何在王制下生存。《山木》篇中说：

> 吾愿君刳形去皮，洒心去欲，而游于无人之野。南越有邑焉，名为建德之国。其民愚而朴，少私而寡欲；知作而不知藏，与而不求其报；不知义之所适，不知礼之所将；猖狂妄行，乃蹈乎大方；其生可乐，其死可葬。吾愿君去国捐俗，与道相

辅而行。

这里的“去欲”，是对当前现实下利益的放弃，少私寡欲，是圣人（帝王）不存在的原始状态中人们的道德境界。庄子讲去国捐俗，这是老子不会讲的。

再看《马蹄》篇中一段：

> 夫至德之世，同与禽兽居，族与万物并，恶乎知君子小人哉！同乎无知，其德不离；同乎无欲，是谓素朴。素朴而民性得矣。及至圣人，蹩躠为仁，踶跂为义，而天下始疑矣；澶漫为乐，摘僻为礼，而天下始分矣。故纯朴不残，孰为牺尊！白玉不毁，孰为珪璋！道德不废，安取仁义！性情不离，安用礼乐！五色不乱，孰为文采！五声不乱，孰应六律！夫残朴以为器，工匠之罪也；毁道德以为仁义，圣人之过也。

“同乎无欲，是谓素朴”，两个概念从老子书中来，含义却有变化。老子讲的是圣人之治，守道无为，不让人民看见可欲之物，于是大家同归于素朴，而庄子介绍的，是在有圣人之前的混沌状态，等到君人者出，“以己出经式义度”，天下已经不堪了。

我们还可注意到，庄子书中，“圣人”的概念有三种意义：一种如同“真人”，出现在超现实的哲学想象中；另一种与老子书中义同，想象或传说中的哲人王；第三种是历史的，如《马蹄》《胠箧》二篇中所指斥。

而老子书中的圣人，被褐怀玉，抱一而为天下式，“方而不割，廉而不刿，直而不肆，光而不耀”，是美德的化身、道的实践，是人格与权力运行的双重典范。

庄子是个人倾向的，老子是国家倾向的；庄子认为社会已经没有救了，老子则设计了一种救世策略。但要说老子是君主的谋主，则不尽然，这种指责或赞美，可以用在他的一些后学身上，而老子，其方略固然是自上而下的，不过仔细阅读，仍可注意到他对人类生活状态的普遍同情。只是老子的同情心不像庄子那么热烈，绝大多数时候，他是冷淡的。

我们读到这样的话，“民不畏死，奈何以死惧之”，如果人民畏死，有一两个捣乱的，执而杀之，谁还再敢？人民为什么不怕死呢，因为君主贪欲，“民之饥，以其上食税之多”。老子的这一观点，与他的无知无欲论，多少是有一点冲突的，看来哲如老子，也有自同情心立论的时候。只是他的这些教导，他的曲折用心，在后世的政治实践中被冲淡成了老生常谈。

庄子的社会批判也被冲淡了，他的藐视礼法，惹恼了多少儒生，但大家骂两句就算了，骂完还要表扬一下他的文章写得漂亮。皇帝对庄子的反感，也是如此，或有那么两三分，而绝不到十分。因为庄子虽然不为所用，同时也不主张积极的反抗，那么他便不算危险，或其危险只会涉及一些天性热爱自由的人，而这些人毕竟是少数，而且，有无庄子，他们都是别扭的。

朱熹说庄子在当时没什么响应，只是在那里自说自话。老子难道不是如此？他的五千言，字字透着寂寞，与韩非的热衷，差别很大。后代传说老子声名显赫，连孔子也要向他请教，这些传说十有八九靠不住。他的书奇迹般地流传下来，而对他的生平，我们最好是承认一无所知，别像李渊那样攀亲，也不要像法琳那样杂采谣诼，把他说得一塌糊涂。一种思想为帝王所用，这提醒后人，依傍权力立论是多么危险，然而思想无罪，何况治术只是老子思想的一部分，何况老子只是在推演，他的愚民论并非从自己的理性中发明，他只是在描述权力的性质，那是他看到的，他便写出。世无老子，愚民也是照常进行。

庄子难道不也是为后人所用，按照各自的需要？据说古代的逸民很多，庄子则是隐逸哲学的奠基人，提供了一大套理论，供人实践。在后世，庄子打而不倒，因为谁都有失意的时候。得意时什么都好说，万一失意，则非庄子不能自况。南宋罗大经《鹤林玉露》里说："士岂能长守山林，长亲蓑笠，但居市朝轩冕时，要使山林蓑笠之念不忘，乃为胜耳。"意思是说，哪里用得着真的放弃，那是违背人情的，该吃的吃，该拿的拿，只要心里存着一厘清净地，就是个清净人了。

庄子

有哲人气质的幻想家

在庄子那里，人不可沟通，语言是障碍，他虽然写了一本邀请信，使作为读者的我们有机会去他的王国里一游，然而本质上，有点像一个人对另一个人说：“嗨，我做了一个梦，你来看一看。”

庄子的起点

鲁迅在矿路学堂上学时，读了严复译的《天演论》。《琐记》里写："翻开一看，是写得很好的字，开首便道：'赫胥黎独处一室之中，在英伦之南，背山而面野，槛外诸境，历历如在机下。乃悬想二千年前，当罗马大将恺彻（撒）未到时，此间有何景物？计惟有天造草昧……'哦！原来世界上竟还有一个赫胥黎坐在书房里那么想，而且想得那么新鲜？"

"悬想"，原文是 assume（be safely assumed）；同样有想象成分，"悬想"一词使赫胥黎在中文读者眼中，立刻现出哲人的风度，因为我国传统中的哲人，特别是留意心物本原的一批，都是以悬想式的思维开始或结束的。形而上的精神运动，无论是否以客观世界为鹄的，其实都是在挖掘自己的思想能力。理性的尽头，想象的尽头，是形而上学的世界尽头，而没有长时期的专注，谁能将自己的尽头推至前人未至之境？所以国画中的高人，都住在深山里，一庐一亭，独处而悬想。

想什么呢？自然是世俗事务所不能提供解答机会的那些问题。以前曾说到老子对世界源流的推演与想象，没有说到老子本来也是热衷世务的人，我们看他书中大量抨击时弊，议论锋利，便知他老人家的满腹牢骚。在批判现实方面，先秦的思想家，没有比老庄走得更远的了，远到不想回来，远到绝望，而庄子甚至比老子更绝望，更喜欢自己的绝望。

现在还说不清《庄子》书中哪些篇章是他自己（“他自己”指谁？一般认为是史迁传记的主角。我心目中的庄子是《齐物论》的作者）写的。这位庄子，最初大概是写下许多零星的思想笔记和言论记录，由他自己或后人连缀成篇，后学又附入自己的作品，于是有了我们今天所见的著作。这著作中大半篇幅都是指斥世俗，从社会政治到伦理再到一般事务，而尤以社会批判为主。庄子毫无疑问是一位愤世嫉俗者；先秦的思想者，很少有不是的——现实世界苦多乐少，日烦夜恼，“槛外之境”满是争端、凶杀、压迫、倾轧、贪婪、愚蠢，一会儿这个君主和那个君主打起来了，一会儿儒派和墨派争起来了，话也说不成，事也做不得，甚至做也无益，说也无益，因为“知诈渐毒，颉滑坚白”。连以知识为本业的人都堕落至此，庄子这样的人还能干什么呢？

《山木》篇开头便讲故事。庄子游山玩水，见到一株大树，因为材质恶劣，伐木人看不上眼，而得以长生；回来的路上拜访朋友，朋友家养了两只鹅，一只会叫，一只不会叫，便杀掉沉默的那一只来招待庄子。

于是弟子问道：树因没用得以活下去，鹅却因没用给吃掉了，您的方针是怎样的呢？庄子笑了，说他将处于有用没用之间，然而这看似从容，其实难免为物所累，不如“乘道德而浮游”。

“道德”在这里的意思类似今日用语“精神”。庄子描述了“浮游乎万物之祖”的精神活动的愉快，又转头贬斥世俗世务：

> 若夫万物之情，人伦之传，则不然。合则离，成则毁，廉则挫，尊则议，有为则亏，贤则谋，不肖则欺，胡可得而必乎哉？悲夫！弟子志之，其唯道德之乡乎！

好一个“道德之乡”！庄子告诉弟子，世面上的事情是没有希望的可悲，不存在一种合理的生活或生存方式，唯一的出路，是活在自己的精神王国里。

或说，庄子作为一个“知识分子”，即使放弃了对当时世界的政治期待以及责任，难道不能够像后代的一些读书人，比如清代的汉学家，从事纯粹的知识活动，或者转眼去看物理世界，那里有更多的现象需要解释，更多的原理需要表达；难道不能将自己置身于更长远的传统中，加入一种知识国度，著书立说也好呀？

《则阳》篇中对此有回答。《则阳》未必是庄子本人的作品，但思想差不大离儿。篇中借他人之口说：谁都知道鸡打鸣、狗吠人，然而便是绝顶的智慧，也无从知道鸡为什么打鸣，狗将向谁吠叫。事物或精微或广大，然而任何解释，都未免“执”着于物象而有缺陷。“理不可睹”“言而愈疏”，事物的本原是无穷的，言语也是如此，达不到至言的境界。“道”与事物的终极，不是言语能表达的，也不是沉默能传述的，那么该怎么办呢？言说的极致，只好在说与不说之间了。

在庄子看来，事物的道理，即使是值得追求的，也是不可追求的（这里庄子似乎认为言说是探索事物的主要方式）。但生在天地之间，谁又能对天、对地、对物理世界的因果无动于衷，正如谁又能对世上的不公无动于衷？《天运》篇开头一段可与屈原《天问》对读，文字也不太艰涩，值得征引：

> 天其运乎？地其处乎？日月其争于所乎？孰主张是？孰维纲是？孰居无事推而行是？意者其有机缄而不得已邪？意者其运转而不能自止邪？云者为

雨乎？雨者为云乎？孰隆施是？孰居无事淫乐而劝是？风起北方，一西一东，在上彷徨，孰嘘吸是？孰居无事而披拂是？敢问何故？

然而庄子将这种兴趣压制下去了。《秋水》篇中说："计人之所知，不若其所不知；其生之时，不若未生之时。以其至小，求穷其至大之域，是故迷乱而不能自得也。"意思是说，人知道的总比不知道的要少，活在世上的时间总比不活在世上的时间要短，以这点有限的生命，投入对广阔知识的追求，那是自寻烦恼。《庄子》书中有让人佩服的讲论，也有不那么让人佩服的，这几句话便是后者。一个人即使同样认为放弃求知是步于高妙境界的必由之路，恐怕也得承认这是非常粗俗的论述。

庄子当然不会否认一些实际知识的用处，比如火是热的，不要把手伸到火上，电力可以制冷，于是有好吃的冰激凌等等。但他认为这些知识不在"道德之乡"中，既无补于现实社会的失败，也无助于一个人的求道之旅，甚至有妨害，所谓"道隐于小成"，知识越多越反动。

这样，庄子不但否认介入实际政治（如他同时代的一些哲学派别所持）的意义，否认物理探索的意义，也否认人类知识传统以及在这个传统中从事一般性的精神工作的意义。这至少暗示，在庄子的精神王国中，他不但是国王，也是唯一的臣民。庄子也收徒，也讲学，也引用和称赞古时的人，但要从事他所推销的精神活动，每一个人都需要从头开始。

现在，庄子在骂遍了社会行为之后，又否认了一般性的知识工作的价值，可以干干净净地"悬想"了。

需要插一句的是，我绝不想贬低这类"悬想"。前面提到的严复，在《天演论》按语中说"徒高睨大谈于夷夏轩轾之间者，为深无益于事实也"，又未免急躁了。悬想也好，河汉斯言也好，是最有趣的事，岂能用严复眼中的实务来规范？只是悬想所得的性质，需要接受辨析而已。

庄子的悬想，是怎样运行的呢？又到哪里终止呢？且看一看《齐物论》，全书的枢纽，里面说，前人运用智慧想象世界，最后总要到达一个极点。有人认为一开始什么也没有；其次，有人认为一开始是有物在那里的，只是没有分别；又其次，有人认为一开始就有分别，只是没有是非。

这里庄子提供了线索，使我们想到，在老庄之时甚至更早的时候，就有一批人独处悬想，建立宇宙的结构。这些人创造、加入这一主题，各逞心智，多半还发生过辩论。这有点像个竞赛，看谁的宇宙观更玄妙，谁的宇宙更不可探索。庄子举的三种理论，一种是宇宙的起点是无，一种是有而无形，一种是有形而没有人类介入，便是依次形而下之、等而下之的了。

庄子也发表了自己的宇宙观。聪明的庄子先将自己立于不败之地，说：我将要说的，与别人说的也许相类，也许不相类；我已经说的，也不知真的说了，还是等于没说——庄子是不信任语言的，又要立言，必须铺垫一番。铺垫后他说：

> 虽然，请尝言之。有始也者，有未始有始也者，有未始有夫未始有始也者。有有也者，有无也者，有未始有无也者，有未始有夫未始有无也者。俄而有无矣，而未知有无之果孰有孰无也。今我则已有谓矣，而未知吾所谓之其果有谓乎，其果无谓乎？

用今天的话说，有有起点的，有未曾有起点的，有未曾有有或未曾有起点的（还可以继续说下去，有未曾有或未曾有或未曾有起点的，等等）；有有，有无，有未曾能够以有无论之者，有未曾能够以能够或未曾能够以有无论之者（同样可以继续下去），后来有也出来了，无也出来了，而不知有果然是有，无果然是无否。这段话的主语是隐藏的，因为《庄子》书中那些表达终极的概念，每一个都会在这样的思辨中融解，当不起合法主语的地位。

《庚桑楚》篇中有一段内容来自《齐物论》，其中创造了一个词，叫“移是”，郭象注曰“是无常在”。《庚桑楚》作者的见识和谨慎都不及《齐物论》的作者，用“移是”来批评世人的无主见，然而在《齐物论》那里，不但人的认识无常在，认识的对象亦无常在，所以才叫“齐物”。《齐物论》便是“移是”的代表，看来无定思想，至庄子而极，后学是一代不如一代了。

我想说的是，庄子的宇宙存在于概念的运动中，人的抽象能力是这一宇宙的边界，想象力是这一宇宙自我超越的机会。这是一个高度个人化的宇宙，因为在庄子那里，人不可沟通，语言是障碍，他虽然写了一本邀请信，使作为读者的我们有机会去他的王国里一游，然而本质上，有点像一个人对另一个人说：“嗨，我做了一个梦，你来看一看。”

《齐物论》的结尾写了一个梦的美丽寓言，著名的“庄周梦蝶”。对于人作为认识主体的地位，庄子又强调又怀疑，最后他说：我与蝴蝶，那肯定是不一样的，“此之谓物化”，即物的粗俗的实现过程。那么，在他的世界里，自己与蝴蝶曾经是你我不分的——这一“曾经”，指的是在思维的顺序中，不是在时间的顺序中，切莫以为我相信“庄子早就说过进化论了”。

鲲鹏、鷦鷯、蝴蝶

温庭筠得罪令狐绹，是因为捉刀之后，到外面乱说，让相公恼火。《唐才子传》里另记了一个故事，说令狐绹向温庭筠请教“玉条脱”的出处，温庭筠说是出自《庄子》（实际不是，此处传闻有误），继而挖苦宰相不读书，说：《庄子》也不是什么生僻的书，您公务之余，不妨看一看嘛。后来温庭筠后悔自己口齿刻薄，写诗道：“因知此恨人多积，悔读南华第二篇。”

“南华”即《庄子》书。《庄子》第一篇是《逍遥游》，第二篇是《齐物论》。遍观《齐物论》，既无“玉条脱”，也看不出其主旨与温诗人的挫折有什么关系。便有人很合理地怀疑这个故事是杜撰的，由温氏追悼亡友的两句诗生发而来。那两句诗是：“终知此恨销难尽，辜负南华第一篇。”

老庄讲忘情。不过《逍遥游》却不涉此。温庭筠如此写，或许只是图个行文方便，或许认为自己不免“逍遥”，才此恨难消。毕竟，如鲁迅之论《红楼梦》“才子看见缠绵，革命家看见排满”，一篇《逍遥游》，碰见不同的读者，难免有不同的遭遇。

如盛唐的李白，写过一篇《大鹏遇希有鸟赋》，在当时很出名，据说是“家藏一本”。《大鹏赋》全从《逍遥游》说起，通篇赞美大鹏如何如何了不得，飞将起来，“斗转而天动，山摇而海倾”，“喷气则六合生云，洒毛则千里飞雪”。

我忍不住先将自己的想法写在这里：李白此处的思想，与《逍遥游》不但不沾边儿，而且背道而驰。

李白在序言里说，《大鹏赋》是他年轻时的作品，后来觉得不够宏达，抛在一边，乃至读了阮修《大鹏赞》，很是瞧不起，觉得还不如自己写的，就把《大鹏赋》修改了一下，保存起来。我们看《大鹏赞》，至少还有“志存天地，不屑唐庭”这两句，不远庄子出世之志。而李白的志向是什么？他写道，大鹏飞在天上，五岳震荡，百川崩奔，盘古瞠目，羲和赞叹，水神直打哆嗦，海神更是“吓呆了”，最会钓鱼的任公臊得不敢投钩，最会射箭的后羿不敢弯弓，连巨鳌也缩回壳子里，大鲸失色而逃。

我们看到李白的志向，不是如庄子提倡的高逝远蹈，而完全相反，是以雄悍之姿光临这个世界，用现在的词说，叫“强人梦”。若按庄子的思想，李白，或其所梦想的人物，正是这个世界败坏的原因。

南宋黄震说《庄子》是乱世之书。乱是动词，他在批评《庄子》淆乱天下。但要是将“乱”当形容词用，则“乱世之书”，倒可以用来概括庄子。李白活在盛世，要理解庄子，也许有点为难。假如他活在不那么“盛”的世道里，又该如何读《逍遥游》呢？我们不知道。

晚唐王棨，写过一篇《蟭螟巢蚊睫赋》。蟭螟是传说中的小虫，能住在蚊子的睫毛上，以极言其小。文章里有两句很有意思的话，“未能鹊起，安肯虫疑”，意思是说，自己不能君临尘俗（比如，像李白向往的那样），哪还好意思嘲笑平凡的生活呢？王棨引入《齐物论》的思想，说虽有小大之异，论到本分上，大小、物我何尝有什么分别，所以“似菌朝生，不羡千春之寿；如蜩秋起，无惭六月之图”。

朝菌、蜩鸟，以及斥鷃，都是《逍遥游》首章里的小动物。庄子将它们与大鹏对比，不是因为它们体格之小，而是心志之狭：“翱翔蓬蒿之间，此亦飞之至也。”真正的差异在于何为南冥，何为蓬蒿，在李白为云霄者，在庄子大概只能算是泥涂。

后世批评庄子，主要是说他在人间事务、日用伦理上的相对和虚无，把世间的规矩都坏掉了，如《胠箧》篇里说的“绝圣弃知”，如《养生主》里提倡的“为善无近名，为恶无近刑，缘督以为经”。这些批评，有一半至今有效，因为只要承认我们从同类以及先人那里无可避免地得到种种好处，自己事事不出头，一味全身远祸，难道不算搭便车？难道一句“此亦彼亦”就可以心安？如真能像“真人”那样远走高飞，两不相欠，自然好，自然没有挂碍，然而有人实现过吗？庄子的理想或空想，本身是美丽的，然而拿来当成机会主义的遁词，真是充分的吗？张衡说，“苟纵心于物外，安知荣辱之所如”，诚然是也，然而古往今来为得失荣辱吵翻了天，不就是因为人不但不能置身物外，连置身事外也做不到吗？

无效的一半，是庄子之所以主张抛弃现有的规范，一部分原因在于这里规范被强者污染，已经不堪用了。《胠箧》中说，“为之仁义以矫之，则并与仁义而窃之”。总有些时候，人会发现价值失去了表达，而这只差一丁点，就等同于失去价值了。阮籍曾经写道：

> 克己以为人者，廓外之仁也；窃其雉经者，亡家之子也；刳腹割肌者，乱国之臣也；曜菁华被沆瀣者，昏世之士也；履霜露蒙尘埃者，贪冒之民也；洁己以尤世，修身以明洿者，诽谤之属也。

在这样的时代，当你赞颂美好之物时，会意外地看到你不想让他微笑的人脸上的笑容；抨击邪恶时，又误在你所同情的人心中引出哀伤。于进退两难之际，在古代，人们是会想起庄子的。

前面提到的篇名本于“鷦螟巢于蚊睫”，出自晋朝张华的《鷦鷯赋》。庄子《逍遥游》里假许由之口说：“鷦鷯巢于深林，不过一枝；偃鼠饮河，不过满腹。归休乎君！予无所用天下为。”意思是说，我过我的小日子，至于天下如何，我不感兴趣。

张华本此，兼取庄子“无用”之义，抒发道：雕鶚嘴尖爪利，鹄鹭飞得高，鶤鸡善于低窜，孔雀生在远方，这些鸟都是很有本事自保的，然而羽毛漂亮，肉中吃，结果死于非命。而我如鷦鷯，“飞不飘扬，翔不翕习，其居易容，其求易给，巢林不过一枝，每食不过数粒，栖无所滞，游无所盘，匪陋荆棘，匪荣茝兰，动翼而逸，投足而安，委命顺理，与物无患”。

意思是：我只想过个太平日子，吃得也不多，喝得也不多，安分守己，不碍谁的事，未语先笑，扔垃圾分类，这样总可以了吧？如此与世无争，不为福先，不为祸始，上比大鹏固不如，下比鷦螟已有余，凑合过吧，平安是福。

阮籍读了大赞，说张华“有王佐之才”。这话有些没来头，苏轼便怀疑，说此赋的意思，不过是全身远祸，与“王佐之才”有什么关系呢？不过，阮籍算是说中了，张华后来果真做了大臣。

阮籍自己，写过著名的《大人先生传》，现在的成语“虱处裈中”便出自此篇。阮籍编了一个故事，说虱子住在裤子里，藏身深缝，自以为住得安稳，“行不敢离缝际，动不敢出裈裆”，自以为规行矩步，不越雷池，饿了就咬咬人，自以为吃用不尽。然而一旦天灾，裤子被烧，虱子又有什么机会呢？

奇怪的是，阮籍的虱子与张华的鹪鹩，难道有什么区别，难道不都是燕巢危幕吗？阮籍讽虱子而赞张华，是什么用意呢？阮籍是古人，我们没处问，便学他一个“不求甚解”吧。且说张华最后因政治斗争死于赵王伦之手，而阮籍，经历或目睹了一系列变故，又写了一篇《鸠赋》，说的是他收养了两只小鸟，后来很无辜地被狗吃了。

庄子的设想，是躲到天涯海角，最好是躲到不在直观之内的“无何有之乡”。如若不能，就想办法将自己弄成无用之人，不在权力的视线之内。又若不能，那就混吧，“缘督以为经”，善恶不系于心。如此尤不足，还有办法来补，比如否认世界的实在性，如著名的“梦蝶”故事所喻。

很多人羡慕白居易的一生。他写过两首题为《疑梦》的诗，其中一首说：“鹿疑郑相终难辨，蝶化庄生讵可知。假使如今不是梦，能长于梦几多时。”古今由梦蝶衍生出的诗文以及思辨很多，有些很有形而上学的味道，但仔细品尝，又多是形而下的生存哲学，好比有些人半闭眼睛，神游太虚的样子，你碰他一只铜钱，他就眼睛雪亮了。当然，白居易不至于此，他又写过一首挺长的诗，叫《无可奈何歌》，诗长不引。且说白居易年轻时也是个有所为的人，只是认输得早，想来想去，无可奈何；然而要说全然委顺任化，甚至一团糊涂，那也不是白居易。他的《读庄子》是这么写的：“庄生齐物同归一，我道同中有不同。遂性逍遥虽一致，鸾凰终校胜蛇虫。”此义很近于支遁。据《世说新语》，群贤辩论什么是“逍遥”，最后都佩服支遁说得好。又据别书，支遁不赞同郭象所说的适性便是逍遥，反驳说，“桀纣以残害为性，若适性为得者，彼亦逍遥矣”。白居易也罢，我们也罢，尽可以羡慕、讲说庄子的某些思想，但真要混同是非、一齐善恶，还是很难的，特别是当我们没活在“盛世”，或活在一种特殊的盛世。有意思的是，真要活在盛世，人们也不大会想起庄子来。

也许人们嘴里赞的是庄子，心里想的是老子的教训吧。此处所谓“老子的教训”，指的是对老子的一种理解，如南宋朱熹，便说老子阴险：

常见画本老子便是这般气象，笑嘻嘻地，便是个退步占便宜底人。虽未必肖他，然亦是它气象也。只是他放出无状来，便不可当。如曰“以正治国，以奇用兵，以无事取天下”，他取天下便是用此道。如子房之术，全是如此。峣关之战，啗秦将以利，与之连和了，即回兵杀之；项羽约和，已讲解了，即劝高祖追之。汉家始终治天下全是得此术。

他又说：“老子之术，须自家占得十分稳便，方肯做；才有一毫于己不便，便不肯做。”

也许是吧。但所指应该是《老子》书，至于老子其人，应如鲁迅在《华盖集》的《补白》里说《鬼谷子》的作者，其实是个老实人，书里的谋略，“人们常用，不以为奇，作者知道了一点，便笔之于书，当作秘诀，可见禀性纯厚，不但手段，便是心里的机诈也并不多。如果是大富翁，他肯将十元钞票嵌在镜屏里当宝贝么？”

庄子也是如此。他若真能出世，还用那么气哼哼地写文章吗？后世读者，如果没有庄子的愤怒，只看到他的放弃，正所谓买椟还珠。

从《胠箧》说起

初见《胠箧》篇，是在中学课本里。《庄子》书中，《胠箧》从文字到意思，都算是容易懂的，中学生念起来也能上口——不过，不知什么时候，已从课本消失了。

前人或说《庄子》外篇的头四篇，《骈拇》《马蹄》《胠箧》《在宥》，敷陈《老子》绝圣弃智、小国寡民之旨，没什么精义，文字亦平直，不是庄子本人的作品。有可能不是，也有可能是。一个人在写不同主题时，以及在一生的不同时期，文字风格完全可以不同，目前的文字分析技术，还不足以提供可靠的根据；至于思想，庄子虽然高蹈，也难免需要把哲思放在一边，就人间俗业发些或高或低的牢骚。所以，在有新的证据之前，暂不管那些怀疑吧。

《胠箧》篇先讲了田氏代齐的事件。春秋末年，田恒杀掉齐简公，立了一个傀儡，从此成为齐国实际上的君主，九十年后，他的后人干脆自立为君，而且得到了周王室的承认。庄子便说，世俗之所谓智者、所谓圣者，有不是给大盗积攒和看守财富的吗？你看田恒一旦杀齐君而盗其国，“所盗者岂独其国邪？并与其圣知之法而盗之”——不但城池廊廷、农工百艺，且典章制度、礼法宗社，尽为其所有，方便现成。庄子还说，这样的大盗，还活得很好，小国不敢非，大国不敢诛。

当时的其他君主，与田恒有什么区别吗？圣人和大盗又有什么区别？这些话，庄子没有明说，而将圣人与大盗分别形容，认为圣人是大盗的先导。但这种疑问，他是有的，请读《胠箧》中的几句话：

> 为之斗斛以量之，则并与斗斛而窃之；为之权衡以称之，则并与权衡而窃之；为之符玺以信之，则并与符玺而窃之；为之仁义以矫之，则并与仁义而窃之。何以知其然邪？彼窃钩者诛，窃国者为诸侯，诸侯之门，而仁义存焉，则是非窃仁义圣知邪？

这里的“之”是什么？是大盗，是圣人，用庄子的话说，是“窃仁义并斗斛、权衡、符玺之利”；用今天的话说，是权力。权力集中到一定程度，拥有权力的利益大到一定程度，人无法不追逐之，轩冕之赏弗能劝，斧钺之威弗能禁。限制权力的努力，在庄子看来，总是要失败的，而仁义道德，不但不能矫治君主及其所代表的权力，反而会为君主所盗用，所谓诸侯门，仁义存，历史中的窃国大盗，没有一个不是满口道德、自命高尚，没有一个不"以德治天下"，即用他自己定义的伦理教条来愚弄人民。

悲观的庄子，便赞同了老子的小国寡民之说。《胠箧》引用《老子》第八十章，向我们描述原始的"尚德之世"的风景："当是时也，民结绳而用之，甘其食，美其服，乐其俗，安其居，邻国相望，鸡狗之音相闻，民至老死而不相往来。"这种理论，自古至今被无数次批判过了，因为它不符合历史，不符合权力执掌者的心愿，还很有反文明的味道。

说到反文明，不妨一读《骈拇》篇。庄子在这一篇的论证十分粗横，径直将人类文明的成果比喻成骈拇枝指（骈拇是两只脚趾相连，枝指即六指症）之类的多余之物。五色文章是视觉的多余，五声六律是听觉的多余，仁义道德是心性的多余，属文缀辞是智力的多余。

怎样才不算多余？为了立论，庄子构思了一种理想的初始状态。他用不同的词语来形容它，在我们今天谈论的几篇中，他用的词语有"道德之正""正正"（至正）、人情、常然、真性、常性、素朴等。在《马蹄》篇中，庄子以马为喻，说：

马，蹄可以践霜雪，毛可以御风寒，龁草饮水，翘足而陆。此马之真性也。虽有义台、路寝，无所用之。及至伯乐，曰我善治马。烧之剔之，刻之雒之，连之以羁馽，编之以皂栈，马之死者十二三矣；饥之渴之，驰之骤之，整之齐之，前有橛饰之患，而后有鞭策之威，而马之死者已过半矣。

这是对的。然而接下来他便说，人亦如此，人的常性是织而衣，耕而食，在远古的“至德之世”，山里没有道路，水上没有桥梁，人与禽兽比邻而居，无知无欲，是谓素朴。

与霍布斯的自然状态相比，庄子的丛林简直是天堂了：前者是每一个人对每一个人的战争，后者是大家同乎无欲；前者是处于暴力的恐惧和死亡的危险中，人的生活孤独、贫困、卑污、残忍而短寿，后者是含哺而熙、鼓腹而游。看来，庄子对现实政治与人们的生活状态极度悲观，而只能对人的天性极度乐观了。

庄子讲了个故事。有两个牧羊人，各自丢了羊。丢羊时，一个人在看书，一个人在赌钱。庄子说：“二人者，事业不同，其于亡羊均也。”也就是说，不管从事高尚的工作，还是低贱的娱乐，都一样地“残生损性”，进而，不论是圣贤还是盗贼，君子或小人，只要有所追求，也都是一样的。庄子在不同的地方多次表述这种观点，不像是随口一说，读者不禁会想，难道他是认真的，难道他没有意识到这种观念与他自己的行为（比如写作）也是相悖的，难道他不曾换一个问法，比如二人亡羊同，而事业不同，难道他真的看不出那巨大的不同？

此处我们不能将庄子视为实际的社会设计者，而应当看成有幻想气质的哲学家，或有哲人气质的幻想家。他生活的社会，在今天看来，还是相当原始的，离丛林的距离，比我们今天要近，返回原始，尽管在那时看起来也是不可接受的，但不像今天这么不可接受。作为哲学家，他的论证是薄弱的；作为幻想家，庄子又是善于推演的。我不太相信他视自己的“至德之世”为实际状态，我更相信庄子的思想工具，使他不可能不达到这样的观念，不如此便无法与他的核心思想（或核心想象）相配。

与老子不同，庄子是个人化的。同样主张原始，如果说老子更多地是在谈论社会的可控制状态，庄子更关心的是个人在哪种社会状态中能获得完全的自在，即“自得之得”“自适之适”。

《缮性》篇中说：“世丧道矣，道丧世矣。世与道交相丧也”。“世”，可以理解为社会；“道”，即庄子心目中的完美精神。“世丧道”，类似的思想古人经常表达，而

“道丧世”，则是庄子很有意思的主张。“道无以兴乎世”，只此一句，便构成庄子与中国其他学派——不论是儒法还是黄老——的重大区别。庄子等于在宣布：我对解决人类的实际问题没有兴趣（或不抱希望），我的道，是我个人的精神享受。他反对将“道”植入社会，认为那是道的堕落和污染。

到此，他的推演终点是，任何社会状态都不足以使他自由，只能当社会瓦解之后，任何可辨识的结构统统消失，人与人的关系等同于人与草木禽兽的关系，才能“一而不党，命曰天放”。由此来看，他比老子走得更远。

他又比老子更入世。相较于老子的冷淡，庄子是热烈而愤怒的。也许他比老子在某些方面想得更“离谱”，只是因为在另一端，他对现实更厌恶。《胠箧》一篇，是庄子绝望的样本。他编了一个故事。盗跖讲“盗亦有道”，说知道屋里有钱财，便是圣；动手时争先抢入，便是勇；最后撤离，就是义；酌情下手而不莽撞，便是智；分赃公平，便是仁。这是先秦文本中最辛辣的一段嘲讽，又不只是口头痛快，而有一些深意。

在庄子看来，不但世界已经堕落，连对世界的批判亦已堕落。权力成熟到如此程度，连那些曾经用来描述美好之物的词语，也被权力污染、篡改、利用；如仁义圣智者，早陷入君主制造的混乱，而世人跟随君主的信口雌黄，还以为道德理想犹在，而不知自己在赞颂他本应该痛恨的。庄子或者认为，“窃仁义”的局面是无法改变的；或者，不像一些辛苦的批判者役役然忙着澄清天下，庄子宁愿退回自己的乌有之乡。

不知是否出于自辩，庄子对以澄清天下为志的人，不怎么瞧得起。《在宥》篇中有激烈的批判：“今世殊死者相枕也，桁杨者相推也，刑戮者相望也，而儒、墨乃始离跂攘臂乎桎梏之间。噫，甚矣哉，其无愧而不知耻也甚矣！”庄子认为儒墨之类的主张无效，容易理解，不容易理解的，是为什么攘臂乎桎梏之间就是无耻呢？庄子认为，儒墨所为，是以仁义淆乱人心，以争辩来败坏世风，这一脉传统，既然对社会堕落负有责任，此刻仍以此术图救天下，便是无耻。那么，事已至此，难道不应该努力矫治，反倒要束手壁观吗？庄子的答案是，努力做到万事与我无关。

能做到吗？《刻意》篇中描述了五种士人。第一类山谷之士，“刻意尚行，离世异俗，高论怨诽”，甚至“枯槁赴渊”，总之是积极的力行者、批判者、图变者。庄子自命远高明于这些人，但在我们眼中，他自己，难道不是刻意尚行之人吗？不然，他为什么要写文章呢？

正如庄子的相对主义永远处理不了自身的问题，他对实际世界的态度，越是高妙，越是告诉我们他是一个生活在实际世界中的人。庄子是个哲学家，不过，他的很多篇章，也许更应该当成诗作来阅读，当作一批精神挣扎的诗歌。他的很多作品，有点像一个人在大声疾呼“不要说话”——作为读者，我们不觉得滑稽，觉得悲哀。

大概只有内心悲哀的人，才会将白日梦做到如此程度。《大宗师》篇描述了他心目中的“古之真人”，入水不湿，入火不热，睡觉不做梦，醒来心不愁，生死无动于心，严肃起来像秋天，松快时便像春天，总之情绪便如四季一样自自然然。“故其好之也一，其弗好之也一。其一也一，其不一也一。其一，与天为徒；其不一，与人为徒”，这几句听着像绕口令，其实意思简单，这里的“一”，即其“真”，遗世独立也罢，与世浮沉也罢，皆不失其真。听着很好，然而庄子在醒来时并不是这样的真人，反倒是一位“俗人”——在这个词最好的意义上。

却　曲

一位高尚的哲学家可以同时是一个实际生活中的庸人甚至更糟吗？或者换一个问题：一种不正直的生活态度可以从正直的哲学中推导而出吗？

先听一首歌吧。《接舆歌》出自《论语》，共有六句："凤兮凤兮！何德之衰？往者不可谏，来者犹可追。已而，已而！今之从政者殆而！"

庄子在《人间世》篇中引用了这首诗歌，而将"来者犹可追"改成"来世不可待"（也是那个时候的成语），然后加入自己的创作。庄子版的《接舆歌》，后面是这样的：

> 天下有道，圣人成焉；天下无道，圣人生焉。方今之时，仅免刑焉！福轻乎羽，莫之知载；祸重乎地，莫之知避。已乎，已乎！临人以德。殆乎，殆乎！画地而趋。迷阳迷阳，无伤吾行。吾行却曲，无伤吾足。

“方今之时，仅免刑焉”，发出这般控诉的庄子，果真是生活在一个窒息的时代，还是自己太敏感了，对多数人不以为异的事情感到痛苦？战国时代尽管残酷，君主的权势还不至于深入人们生活的每一方面，普通人的生活，还不至于多走一步就遭到种种干涉。假如庄子生活在秦朝，他又会说什么呢？也许什么都不敢说吧，因为秦朝的法令是“偶语诗书者弃世，以古非今者族”，按贾谊的形容，“秦俗多忌讳之禁，忠言未卒于口而身为戮没矣，故使天下之士，倾耳而听，重足而立，拑口而不言”——秦朝未必没有自己的庄子，只是文章还没写成，自己就先“进去”了。不过，秦朝志有余而力不足，虽然法律苛细，虽然自吹“兼听万事”“靡有隐情”，但哪里真有本事听到人民的“偶语”呢。贾生说秦政愚弱黔首（“黔首”是秦朝语“群众”的意思），是实情，但他同时又说“吏弗能纪”“上下相遁”，可以推想，松动的地方还是不少。再说贾谊所言，是一面之词，秦朝官方的声明，讲的是优恤振救老百姓，“上农除末，黔首是富，普天之下，抟心揖志”，说不定真是太平盛世呢。至少，便在秦朝，“仅免刑焉”是夸张的描述。

无论如何，庄子对时代是不满的。我们还知道，庄子对改变这样一种时代，没有兴趣或勇气，他说，“圣人”或聪明人，赶上这样的世道，能做的只是避祸全身，而秉持自己的主张、不改其衷的志士，将自己置于险境，是不可取的。“迷阳”一词是什么意思，已不可解，“却曲”我们是知道的，用今天的话说，就是绕着走。

《人间世》的前一部分，是三段问答。问答的主角，托名于孔子、蘧伯玉这样的圣贤，当然都是虚拟的。第一段最有意思，不妨用今天的语言，铺陈一下。

有一个人看天下滔滔，如狂如病，而自己有一套治国的主张，便要去政界发展，教化君主。他向老师辞行，说了自己的打算。老师说：“你这是去送死啊，不能去，不能去。”

老师说：“第一，先正己而后正人。你自己就完美了吗？你是至人吗？你敢说你没干过坏事？就算没干过，你敢说没想过？让我看看你的信用记录，让我看看你的电脑和电话。老鸹落在猪身上，光看见别人黑。”（学生心里想，为什么批评人需要资格呢？老师的讲义里可没这一条。而且，老师以前也说过，“医门多疾”，学了医术不去治病，有什么用？）

老师看学生给骂得不敢吭声，缓和了语气，说：“再者，你的德行和智慧固然出色，然而对方知道吗？就算知道，也只是说明你的才智外露，与别人形成竞争，还有比这更危险的事吗？君主即便知道一点你的名声，难道心里肯因此服膺你的批评？来说是非事，便是是非人，你向恶人劝善，对方只会认为你是个麻烦精，你麻烦了他，他必须要找你的麻烦。”

学生说：“是是。”

老师这时说出他最大的忧虑：“他来找你的麻烦，你又扛不住。你的话在理，你自己却敌不住他的强横，结果你的眼睛从明亮变得迷茫，你的神色由严厉变得阿顺，你嘴也软了，腰也弯了，你开始顺着对方说话。你想改变君主，自己先成了君主的奴仆，最后的结果，只是人家白得一个平庸的帮凶。”

这几句话说得非常好，学生无与之辩，想了一会儿说：“那我谦虚、委婉一些，勤于本职，一点一点来，可以说？”老师说：“没门儿，人家油盐不进，你就别要小心眼儿了。”

学生说：“那我内直外曲，如要说什么，必有所本。所谓内直，就是从共通的人性出发，不做分别，别人便以为我这个人简单，像孩子一样天真烂漫。所谓外曲，就是不特立独行，人们喝酒我便喝酒，大家唱歌我就唱歌。如果建言，一定有出处，或者是传统文化，或者见诸经典某卷某页，反正不是我想出来的。这样一来，便言不入耳，对方也不见怪。可以吗？”

老师说：“或许能不进监狱，但要推行教化，差得远呢。”

学生说:“那我没办法了。”

老师说:“你应该让内心空空荡荡的，虽进那樊笼，万事不以为意，人家喜欢听的就说两句，不喜欢听的一句不提，做什么都是不得已，而不是自出心裁，这才能立于不败，感化万物。所谓‘虚室生白’，你如能像一条空心木头，连鬼神都要来依附，何况人乎！”

学生听了如此高论，有何感想，不得而知。反正虚室如何生白，我是不懂的。再看第二段，是一套非常实际的建议。老子与庄子都是出世的哲学家，但又写过世故的话，这并不奇怪。非不知也，盖不能也。

第三段讲了著名的螳臂当车的故事。庄子说，君主的权力如车，个人不过如螳螂，越是卓越的人，越有可能不自量力，要阻挡“历史的车轮”，而聪明人戒之慎之。该怎么办呢？庄子说:

> 彼且为婴儿，亦与之为婴儿；彼且为无町畦，亦与之为无町畦；彼且为无崖，亦与之为无崖。

意思是:对方愚昧，你一定要跟着一起愚昧；对方胡闹，你一定要陪着胡闹。当年胡适读《庄子》至此，愤然说:“这种人生哲学的流弊，重的可以养成一种阿谀依违、苟且媚世的无耻小人；轻的也会造成一种不关社会痛痒、不问民生痛苦，乐天安命，听其自然的废物。”看来胡适与庄子很不同调，胡适所以为废物者，庄子以为至人。《人间世》后边的几个寓言，说的便是“废物”的好处，废木得以永年，废人得以全生，什么“新文学革命”，什么“坚持我们的方向”，都是给自己找麻烦。

但不要因此认为庄子是个苟且的人。他的某些主张看起来依顺世俗，但同样的话，在别人或出于世故，在他或出于绝望。我们看《庄子》书，谈起幻想时热烈得眉飞色舞，谈到这些世务时冷如冰霜。他如果不是一个话多的人，也许压根不会写下《人间世》，要不然，他就是被时风所煽，加入这样的讨论，因为那个时代，《人间世》的主题是最流行的。

后面的事情，我武断地说，绝不是庄子所能料到的。在两千年“人间世”中，庄子因为愤激提出的策略，为许多人所施行。作为一个激烈的社会批评者，庄子竟然人见人爱，连最卑污的一些官员，也要声称尚友老庄，这是奇怪的事情吗？

连皇帝也多有喜欢庄子的。宋太宗就喜欢老庄，他写了近两百首《逍遥咏》，所抒发的，用他自己的话说，是“放旷自得”的悠然之情。他不会不知道在庄子看来，君主是“羿之彀中”这样凶险生活的制造者，不过，他也许认为庄子书中那些他不喜欢的话只是“卮言”，随便说说，而他喜欢的，是“逍遥”。

这些人最喜欢庄子的什么呢？虽未必是本意，庄子确实提供了一种精神退路，哲学上的和道德上的。比如，在庄子哲学中，“自然”获得神格，不是原始崇拜的神，而是最高本体之唯一可辨的化身。所以一个人在做完坏事后，只要推开窗户，看一眼西岭雪，便如同进过忏悔室，用现在的话说，叫“洗涤心灵”。古人写诗，没有不谈山林之思的，哪怕内心像沙漠一样，也会有退思，有对简单生活的向往，那么，这片塑料绿洲便是他的通行证了。

比如我一辈子踢寡妇门、挖绝户坟、升官发财、掊克万方，但我知道自己是个好人：第一，这些都是不得已，环境所迫，“彼且为无町畦，亦与之为无町畦”而已。第二，这些都是低等价值，无可无不可，而我内心中自有高等价值。第三，我也喜欢自由，热爱自然，难道“据五极之尊”就不能“悟南华之旨”了吗？第四，我心中还藏着别的美好东西，就是不告诉你们，因为庄子说，一说出来就没意思了。

这并不是说庄子书中包含的遁词把人教坏了。腐蚀人的是权力，不是庄子，有没有庄子，人还是要做他想做的事情。换个方向想，庄子能让一些人心里舒服一些，也是功德，尽管那是些我们可能不喜欢的人。另外，人们热爱庄子，并不仅仅是庸俗的原因，庄子在提供遁词的同时，更提供了严厉的批判，所谓“退路”者，庄子的路为我所不取，但他“退”的思想，即摈斥无精神性的倾轧生活方式，千百年来还是光芒四射的。还有一点是，庄子提供的最高退路，在他的《齐物论》中，那可以使一个人在抽象演绎中将自己想象为偷窥了宇宙的密码，当知识令人恐惧、求知令人疲累时，闭目静坐而耳目内通，也算是一种精神力量。

“吾行却曲，无伤吾足。”如果运气不好，活在荆棘遍地的时代，不用庄子说，这也是多数人的生存法则。与庄子不同的是，多数人等着别人从荆棘中踩出路来，而庄子只是绝望，根本不相信会有什么路在大地上。从这个意义上说，真正信奉庄子的人，没有或几乎没有。

生不如死？

庄子对人生的态度，自痛苦中来。

他的第一种态度，是“不以国伤生”。《让王》篇中有个故事。韩侯要发动战争，有贤人去劝他说：假如天下摆在面前，唾手可得，但用左手取之则右手废，右手取之则左手废，您会取吗？韩侯说不会。贤人说，正是啊，可见“两臂重于天下也，身亦重于两臂”。

把极为复杂的问题化成简单的道理，往往令人无法辩驳，同时也无法遵行。《让王》中的道理，谁都承认，而问鼎逐鹿，从未因此停过一秒钟。春秋战国时期，战火连绵，那时的“进步人士”，都要息争止纷，而路途非一。庄子以生命可贵为说辞，然而政治问题不会以伦理为解决方案（如庄子看不起的孔门儒生的方案），更不会以哲学为出路。

庄子重生之说，起初未必因政治而发，但在用它来批评政治的过程中，劝人退出政治活动，甚至退出社会，形成了一套理论。《秋水》篇有个寓言，讲庄子在河边钓鱼，国王的使者来了，劝他出来做官，庄子以神龟为喻，说人是愿意高贵而死，还是微贱而生，如神龟“宁其死为留骨而贵乎？宁其生而曳尾于涂中乎？”使者说还是活着好，庄子便说，你们走吧，“吾将曳尾于涂中”。

对今天的读者来说，庄子的道理不是很有说服力，不但因为在“留骨而贵”与“曳尾涂中”之间，还有广阔的地带，供人活动，也因为对很多人来说，世界上还有一些处境，使人不愿意苟且偷生，比如权力的压迫，无孔不入，对压迫者而言，自然希望小人物“曳尾涂中”，而总有爱好自由的人，即便不以天下为意，不在乎贵贱，即便是为了自己，也要说些什么做些什么。

我们不能说庄子否定这类反抗，因为在他的时代，那不是明显的方案。庄子也考虑过“寿则多辱”的问题，然后用幻想来逃避这个问题，如《天地》篇中说的，“鹑居而鷇食，鸟行而无彰；天下有道则与物皆昌，天下无道则修德就闲；千岁厌世，去而上仙，乘彼白云，至于帝乡。三患莫至，身常无殃，则何辱之有”……真的？

既然重生、长生不得不成为目标。在庄子此岸的价值表格里，长寿排在靠前的位置。为了生，卑微地“曳尾涂中”不算什么，甚至残疾也是可喜可贺的。《人间世》篇虚构了一位叫支离疏的人，他身体畸形，肩高于顶，头部弓到腹部那里，腿也蜷曲得不成样子，然而因此免于服役，又可得救济，足以终其天年。庄子认为这是可推荐的。相反，梨橘这些“经济作物”，果子一熟就被人采去，柏桑这样的可用之材，成材之后就给砍去做柱子，可见形体的康强是不祥之物，而“牛之白颡者，与豚之亢鼻者，与人有痔病者”，连祭祀水神都不配，得以免灾，因为巫祝以为它们是不祥的，而在“神人”看来，这恰恰是大吉大利。

那么心智与品德呢？《徐无鬼》篇中有这样几句话，“羊肉不慕蚁，蚁慕羊肉，羊肉膻也”，意思是品德云云，就像羊肉的膻气，只会惹麻烦，如同羊肉招来蚂蚁，因此那些讲修养的人，不过是伛偻自苦、残生损性。

保身、全生、养亲、尽年，这是被庄子奉为最高生活目标的。然后呢？然后人是要死的。不像后来顶着他招牌的神仙家以不死为号召，庄子说，“死生，命也，其有夜旦之常。天也，人之有所不得与，皆物之情也”。作为哲学家，庄子对死亡有自己的立场。

庄子的态度，是视死如归。

《庄子》书中有好几个寓言，说有人死了，吊丧的通人不哭反歌。最有名的一段在《至乐》篇中，讲庄子的太太去世，庄子鼓盆而歌，他的朋友惠施看不下去，责备他不哭也罢了，还要作歌，太过分了。庄子说：开始我也很感伤，既而想到，她来自天然，又回到天然，如同舒舒服服地休息，我有什么可哭的呢？

庄子说死亡是物化，此处即物化之意。庄子又说死亡是悬解，即解脱束缚。《至乐》篇又说："生者，假借也；假之而生生者，尘垢也。"用今天的话说，生命是自然运行的临时产品，甚至不是什么了不起的产品，那么，生命便对其主体而言，是否可喜，都是一个问题。

曾为鲁迅所引用过的一个故事，也在《至乐》篇中。骷髅向庄子讲死的好处：既无上下交征，也无寒暑侵逼，快乐得像国王一样。庄子问：我将你救活好不好？骷髅说："吾安能弃南面王乐而复为人间之劳乎？"

在鲁迅的小说《起死》中，那个活转来的"汉子"要庄子还他一个死，不然就赔偿他的衣服和伞、斤半白糖和二斤南枣。"人间之劳"，生活的苦难，真的到了如此程度，使庄子宣讲死的好处？而且，这同他的长生主张，岂不矛盾？

先说厌恶死亡，喜悦生命，是从自己的生物身份而来的人之常情。一种哲学，如果主张"不知悦生，不知恶死"，同时不想收到不近人情的评价，便有解说这种哲学立场的负担。

《德充符》篇讲了一个故事。母猪已死，幼猪还围着吃奶，过了一会儿，就都弃之而去。为什么呢？庄子说："所爱其母者，非爱其形也，爱使其形者也。"庄子是否是二元论者，我们不易有清楚的判断，因为在多数地方，他是一元论者。然而这个故事，又暗示庄子有着未曾明确的二元倾向。多数时候，他认为生命本身是自然的异常；偶尔，他似乎又以为形体是生命的拖累。

《至乐》篇中说，天下所尊崇的，如富贵寿善也；所喜悦的，如饮食男女；所拒斥的，如贫贱夭恶；所憎恶的，如身不得安逸、口不得厚味、形不得美服、目不得好色、耳不得音声，从“为形”（即养身）的目标看来，都是愚昧的事。至乐无乐，世俗的乐趣全都摒弃，才是快乐。

通常，藐视人的享乐，特别是正常的享乐，都是以某种精神号召为前导。像庄子这样没有明确提出精神目标（除非死亡算是一种目标）、仅以葆性长生之说为哲学，把话说到如此之狠，是有点奇怪的。而且令我们小心的还有，我们从经验中得知，世界上所有号召压抑我们的生物天性的思想，无不被权力利用来侵占我们的利益。

当然，那是别人的事，与庄子本意无关。庄子的生之痛苦，对称物是想象的快乐。在《大宗师》篇中，我们可以看到他对身体（或我们的生物身份）的态度。有一个叫子舆的人，身形伛偻如前面说的支离疏。他不以为悲，反而感谢上天：“伟哉！夫造物者，将以予为此拘拘也！”

朋友问他，不为自己的身体难过吗？

子舆说，有什么难过的呢？如果造物者把我的胳臂造成鸡，我就打鸣报晓；如果造物者把我的胳臂做成弹弓的样子，我就用它打鸟来吃；如果造物者使我的尻如车轮、心神如马，我就因以乘之，连车驾都省了。又有什么难过的呢？

这是诗还是哲学呢？

在后面的另一个场合里，他的一位朋友说："今一犯人之形，而曰'人耳人耳'，夫造化者必以为不祥之人。今一以天地为大炉，以造化为大冶，恶乎往而不可哉！"意思是说，人没有特殊地位，在天地造化的炉冶中，人与泥土实无区别，从哪儿来，到哪儿去，即生死之事，不必也无法计较。

这让人想起当代的一个术语：人类中心主义。庄子是不是反"人类中心主义"的前驱呢？我想不是的，尽管他的一些主张，可能给某些论点提供思想或修辞上的助力。在庄子的时代，不同级别的生命、生命与无生命物之间的差距还不如我们今天这样明确，"人类中心"与否，不但不是他的问题，也不是那个时代会有的问题。《至乐》篇有趣的一段，自"种有几"至"程生马，马生人，人又反入于机，万物皆出于机，皆入于机"，记载了他所处时代与地区的一些传说，其中的故事没有流传下来，细节已不可解。但我们借此看到，生命与造物的关系问题，在庄子时代，比今天更容易指向今人或称之为和谐的思想，当然，另一个词是“原始”。

我确曾在一篇生态主义的文章中见到对《庄子》的引用。时过多年，已想不起是何人所作，来自生态主义的哪一派别，但犹记得里边的“原罪”思想，即人类是地球生态的强横破坏者。如按两个月前一位来自纽约的美国众议员所论，人一出生就不义，还是少生些好。庄子将生命比为累赘的瘤子，死亡如脓肿溃破，这与前所述，属于同一类思想吗？当然不是。人或者是生物，或者不是，庄子虽然生在两千多年前，也没有犯对人的生物身份一会儿承认一会儿否认的谬误，而且，庄子不恐惧智慧。

这不是说庄子对人的主宰地位没有怀疑。在庄子的世界中，其他生命，如果有什么地位的话，也是人之地位的映射。大家都是自然之子，如果人失去了特殊性，只是因为生命本身没有特别地位，而不是将自身的意义转让给什么“生态”一类的人类观念。庄子的怀疑，可以用来遮蔽他向往死亡同时又以长生为可追求的目标之矛盾的，是他的第三种态度，即相对学说——我不知道“相对”一词在此是否准确，因为他的“相对”，与其说是论理上的，不如说是情感上的，更少像哲学，更多像诗。

这一学说贯穿《庄子》全书，有时作为遁词，更多时是在抒发悲哀。今天我们只看一点与他的生命哲学相关的。

《齐物论》中，庄子有名言："予恶乎知悦生之非惑邪！予恶乎知恶死之非弱丧而不知归者邪？"翻译过来就是：我何以知道，眷恋生命是不是执迷不悟？我又何以知道，拒绝死亡是不是如少小离家而不知返乡？

他不知道，你不知道，我不知道，谁也不知道。在哲学上这是一种多余而无效的假设，但在情感上，谁又能指责庄子用幻想来减轻死亡的苦痛呢？虽然他一再宣称不惧怕死亡，甚至欢迎死亡。

问题与解答

一些人认为，所谓哲学，就是制造概念的工作。有些人这么说，是在赞美；有些人这么说，是在讥讽。但人既然有抽象的天赋，怎么可能抑制住将这天赋运用至极的欲望？而将理性能力推至极致的工作者，我们又有什么理由不将其视为精神的英雄？或许可以这样说，一位哲学家，发明出新的抽象，像一束光一样，将世界的另一种面容照见出来，他的工作就完成了；至于用这新的、完美的概念去引导我们的生活，中间或许出些差错，甚至像阴冷的风一样，吹过的地方，现象界的花瓣纷纷跌落，但这后一种工作的执行，或者是出自同一位哲学家的另一种气质，或者是出自他人，哲学本身似乎不应承当责任。

但这样的事确实在发生，一再发生。比如在社会、政治的领域，平等的概念，即使不是最美好的，也是最美好的一批理想中的一个。但实际如何呢？平等思想触及我们每一天的生活，人类的每一不幸，都有不平等的因素在，它是如此近在眼前，如此有感染力，也因此有强大的蛊惑力，使我们将自己的不幸归咎于另一些人，而不是权力本身。按说这是不该发生的事，一种反抗权力的概念，会加重我们对权力的迷恋，一种为摆脱不幸而制造出来的美好观念，却在其实现中，在人类糟糕的制度中，以及建造制度的拙劣努力中，带来这么多的不幸，而连一次相反的事例也不曾有。以至于，可以放心地说，任何政治动员、思想或主义、宣言或演说，如果平等思想在其中的地位重要到一定程度，这种主张一定是欺骗性的，一定会导向大规模的迫害、奴役，一定不会削弱作为不平等之根源的权力而反加强之，一定使我们陷入更难于解脱的不平等。

说得远了。此处的问题是，在哲学家那里，以及在一般性的知识进程中，抽象概念是鼓励我们获得更多的细节（哪怕只是作为原料贡献给哲学家），还是贬低感官世界，压抑人类本来天生的好奇心，将我们对实际事务的关注从事务自身引开，或简单地使我们为自己的琐屑感到惭愧？

我们再次阅读《庄子·天运》开头的一段话：

> 天其运乎？地其处乎？日月其争于所乎？孰主张是？孰维纲是？孰居无事推而行是？意者其有机

缄而不得已邪？意者其运转而不能自止邪？云者为雨乎？雨者为云乎？孰隆施是？孰居无事淫乐而劝是？风起北方，一西一东，在上彷徨，孰嘘吸是？孰居无事而披拂是？敢问何故？

其大意是：天在运动吗？地是静止的吗？日月追逐，是在争抢住所吗？这一切是什么力量在主持，由谁来部署，谁闲居无事，令天地如此运行？难道，有一种机关控制着这些现象，或者，天地日月只是不能自主地运转？是云带来的雨，还是雨带来了云？是谁行云布雨，他这样做，只是给自己找些乐子吗？风从北方来，或西或东，或升或降，这是谁的呼吸，是谁闲着没事兴风作浪？

人们或将这一段与屈子《天问》并读。不过这些是古人或任何时代的人类，固有的问题，不论是书斋里的文士，还是耕作的农夫，只要认真地抬一下头，看一眼日月星辰，总会有“天问”的。《天问》和《天运》首章的价值之一，是不以神话解释为满足。神话是笼罩、压制性的，但像庄子、屈原这样的人，以及他们所代表的群体，既然与祭司阶层分道扬镳，总要反叛前者代言的解释体系，在那种体系中，新一代智者没有地位。

在《庄子》书中，《天运》中这一段话是有些突兀的。先看一下章中的解答：

天有六极五常，帝王顺之则治，逆之则凶。九洛之事，治成德备，监照下土，天下戴之，此谓上皇。

六极大概是六种方向（上下四方），五常，不知是不是《左传》中说的“五材”，然而读来总是对现象或低级规律的类似归纳。以下帝王云云，硬生生将一种物理的问题，扭到人事的方向，不必翻译了，因为那是我们听到耳朵起茧的老调。

《天运》是庄子本人的作品吗？

先说它不像的地方。

按照《齐物论》，日月运行、风云雷变这样的现象，以及寻求解释所发的提问，属于低级的知识。这些零碎事，不过是大道的亏毁，亦如云变成雨是云的亏毁，风吹向各方是风的亏毁，“凡物无成与毁，复通为一”，真正的求知者，是要推开这些现象的门房，直闯“一”的内室。

《齐物论》就此打了一个著名的比方。作者认为，一个人迷陷在这些现象的解释中，今天想出一种说法，就高兴了，明天这意见不行通，又不高兴了，便如同猴子的朝三暮四，“劳神明为一，而不知其同也”。

《齐物论》说：“圣人不由，而照之于天。”意思是，圣人才不会被这些表面的是非牵引迷惑，而要直达于天

（这里的“天”指最高的本体）。用今天的话说，一个真正的形而上学家，不会去搭理物理学家的工作，因为后者的成果，与前者的追求毫无关联（如果干扰不算是关联的话）。这话也不能算错，只要这位形而上学家永远不要试图解释现象，不要介入我们的生活，不要诉诸文字来开导我们，因为，任何一种类似的行为，都背离他的哲学，而令我们对那哲学本身产生粗朴的怀疑。我想，任何一位纯净的哲学家，都不会因抑制不住世俗冲动而连累他的哲学。

幸或不幸，纯净的哲学家并不存在。连庄子也不能做到这般纯净。这也是为什么我说，《天运》首章不合乎《齐物论》的趣味，但仅此，不能证明它不是庄子（《齐物论》的作者）的作品。

封王的哲人和封圣的国王，自己出格的时候，天下都替他们辩护，说他们也是血肉之躯，也有七情六欲云云。然而当他们约束我们时，很少承认我们的同等地位。在极端情况下（“极端”听起来是罕见的情形，其实不然，在权力与某类概念的结合中，极端是必有之义，不极端才是短暂的），个人被视为一套概念紧密啮合的整体，非此即彼，有此无彼。你做了如此一事，必有如彼之想，你既做了此事，一定也做（或未做）彼事，类似的粗横声音，自古至今，哪一天不在回荡？

在我们常人看来，一个人，哪怕哲如庄子，也会此时有此等想法，彼时又作另一说，向张三说甲，向李四说乙，今天想吃咸，明天又说酸的好。形诸笔墨时会严谨些，但又有哪一条天规，能强使庄子不发表在学究看来“不自相矛盾”的意见？闻斯形诸，孔子有多种回答；天其运乎，庄子也可有感兴趣及不感兴趣的时候。

《庄子》各篇，不是朝夕写就，而是一种随想录的汇编。有些或是他自己编次，有些是后学所为；有些或许是他自己编过一些，后人又补入一些，有的则尽是别人的作品，投靠在他名下。而所谓“编”，未必都是抄录连缀，也许有的仅是将书写材料捆扎或摞放在一起，日后散乱，也免不了。《天运》也许是，也许不是庄子的作品，而仅凭“思想不一致”来断案，冤枉人的可能就有些大了。

再举一例。庄子藐视万象，但一个人对日常事务的兴趣，难道是高等哲学可以压制得干净的吗？庄子好寓言，这让我们联想到《诗经》中的比兴。孔子说读诗能多识鸟兽草木之名，因为《诗经》，特别是《国风》和《小雅》中，日常应用之物出现得太多了，在今天看来，是博物学的宝库。寓言和比兴，是作者使用的格式，而一位亲切的古典作者，不论是以什么样的格式，总要说到他每日熟悉之物，如饮食用具、鸟兽草木之类。

《庄子》一书，仅内篇，出现的动物名称，不计鸟鱼鼠马等通用名字，也不计虎豹猿狙，还有鲲、鹏、学鸠、蟪蛄、斥鴳、鵷鶵、偃鼠、狸狌、犛牛、乌鹊、蚊虻、鹄、蝴蝶、蛇（还有“带”，一种小蛇）、蜩、麋鹿、蝍且、鸱、猵狙、鳅、螳螂、鼷鼠、泽雉等等。

出现的草木名称，有栎、柤、梨、橘、柚、蓏、楸、柏、桑、桂、漆、冥灵、大椿、樗、松柏等。

《庄子》还记录了当时对自然现象的解释，如《齐物论》中的“乐出虚，蒸成菌”（声音出自空洞，菌类来自地气蒸腾），这些解释可能是错的，但却是一种物理解释，所以章太炎千载之后还有机会将此说与微生物之说联系起来，称赞庄子所言不虚。还是在《齐物论》中，庄子有一大段文字无意间流露了对自然的观察。在哲学问答中，庄子不吝笔墨地形容风声，说或似水流激荡，或似羽箭穿空，或像叱叫，或像号哭，或像笑声，或像哀音——这些自然不是构想出来的。

我还很喜欢《天运》中的两句话：“播穅眯目，则天地四方易位矣；蚊虻噆肤，则通昔不寐矣。”这里是在打比方，后面讲仁义如米糠和蚊虫，徒乱人心。推而言之，按庄子的哲学，日月风云等现象，也是如此，干扰人追求纯一的“朴”。然而，这样的追求者，难道不会被糠眯眼，难道能在蚊虫的围攻中安然成梦？反过来想，人类进入文明之后，还经历过几次黑暗时期，在黑暗时期中，人的心智不是回到童蒙，而是只被一种光照射。权力利用了哲学，将统治延伸到人的思想，当言论不再自由，思想禁锢到意识形态之中，眼看万世太平可期，是什么力量，总能冲破这一切，将人带回到庸俗而康健的日用之中？也许就是因为米糠和蚊虫，任何美妙的设计也不能预防吧？

也许因此，说庄子同时是文学家，当是赞美。不妨看看欧洲中世纪的历史，在死寂中，唯一有生气的，是粗俗的歌谣和故事，后来堤防溃决时，最早放肆胡说的，也是文学。文学依赖细节，归化就有些难。孔子盛赞的诗篇中首句的“雎鸠”，便代表了一种永恒的声音——当然，可以把它改成颂圣之声，不过，这样的东西不再是文学，想用之哄老百姓高兴也难。

逸民与遗民

庄子之学，给中国古代的读书人，提供了一条出路，特别是在伦理与政治身份方面。如按常情推断，最容易接受庄子的，似当是政治生活中的失意者，而古代这一类失意者，莫过于各朝的遗民。然而，我们看到的是，遗民不进入新政，却将政治因素化为伦理，通过坚守伦理，成为最“讲政治”的一批人。而这与庄子的教导相差很远。

如依庄子，新朝胜朝，也没什么分别。出处去就，都是游世。庄子的哲学与日常伦理的冲突，如果在普通年代，还可以马虎过去，在激烈的遗民那里，则如同水火了。至于庄子思想中最宝贵的，对政治权力的普遍批判，一直没有被古代读书人真正地理解和接受过，社稷丘墟之后，遗民忙着表达态度，很少有心情，也没有思想工具，来认真推演庄子的这一思路。

古代中国，中原文明被来自边陲的军事化部族入侵、征服，发生过若干次，而士大夫反应之激烈，或属明清之变。顾炎武认为，他那个时代的一批士子，之所以不肯接受这样的变局，是因为眼前发生的事，不仅仅是亡国，而且是亡天下。说到其间的区别，他的名言是："易姓改号谓之亡国。仁义充塞，而至于率兽食人，人将相食，谓之亡天下。"

不将政治国家视为最高等级的共同体，这是顾炎武的醒悟，也是明清之交少量读书人中间发生的一大思想进步。然而，若按顾炎武的定义，满人入主中原，未必算得上亡天下。满人初来，固然较中原人野蛮，然而康乾之后，仍然是老调重弹，纲常不坠，至于言必称古，力辟新学，较前明似尤为甚。我们看看十九、二十世纪之交，前后五十年里的事故，便知所谓"亡天下"，哪里有那么容易。

《明遗民录》记了八百余人（还有一种索引，录得近两千人），《广宋遗民录》，列名者四百余人。不能因此便说明之遗民比例高于南宋遗民，除了人口因素，还要考虑著述的风气，流传的时间长短。可以肯定的是，明代遗民，境遇真是很不好。满人的政策严厉，不比蒙古人的马虎。当年郑思肖誓不与"朔客"来往，见到不着汉民服色的，就嘴里呸呸地表示不屑，清初人哪能如此放肆。法网细密，告密者众，伤身破家的，遍于全境。

南宋遗民，多将故国之思寄托于著史或诗词。明代遗民，更激烈一些，有的完全放弃了正常的生活，不如此似不足以表达悲苦。阎尔梅“一驴亡命三千里，四海为家二十年”，并不算夸张。当时不少人国破之后，主动“家亡”，有的把房子拆了，自己住在山里，有的搬到船上住，终身不履“王土”，还有住到树上去的。

这是不是书呆子呢？呆气是有的。《粤东遗民录》记载了东莞一个叫吴尔达的遗民，明天就要嫁女了，今天碰到几个要去游玩罗浮山的，谈得高兴，同去同去。快一个月后回家，奇怪道：女儿哪里去了？这位先生，其实是有庄子气的，但多数遗民并没有。许多人，如傅青主，口口声声以庄周为师，其实还是舍不得自己原先的作风。

一个人情绪所至，特别是仇恨之深、希望之殷，会影响对事物的判断。吕留良说今日之穷，为自古以来所仅见，这不是事实。本人并非遗民，但受遗民思想影响甚深的邵廷采说古今遗民，莫盛于宋，也未必是事实。前者恨不得天下皆反，后者则是见不得身边人的竞进。遗民所珍重的一些文化制度，损失明明不大，但在他们看来，已同旧朝一起变成清风中的冷灰。强调旧制，也因其在伦理上的意义，掩盖了在思想上的无意义。

王夫之也说，昭代无隐逸。为什么呢？他说，这都是科举取士的流弊，大家都想去做官，学问成了进阶，志节也希冀表彰，总之人人向利。这是平俗的见识了，出自深刻批判过“孤秦陋宋”的王夫之之口，也不奇怪。我们不能要求人每时每刻都在思考，不能要求人说每句话之前都要三思。

王夫之接着说：“乃至女真、蒙古之吞噬中华，皆衣冠无赖之士投幕求荣者窥测事机而劝成之。廉希宪、姚枢、许衡之流，又变其局而以理学为捭阖，使之自跻于尧、舜、汤、文之列，而益无忌惮。游士之祸，至于此而极矣。”

他提到的三个人，是元朝的名臣，后两位又都是理学家，前一位不以学问名世，但爱读书，人称“廉孟子”，被王夫之骂在一起。王夫之的意思是，这些人等于走私犯，使那些僭主，也享有正统的名号，拿自己当起尧舜来。帝王会假冒神性，这一点王夫之的批评是对的，然而，汉地难道不是如此？如果“廉孟子”窃柄授人，真孟子难道不是如此？还记得庄子的批判吗？《庄子·天运》中说：

> 三皇、五帝之治天下，名曰治之，而乱莫甚焉。三皇之知，上悖日月之明，下睽山川之精，中堕四时之施。其知憯于蛎虿之尾，鲜规之兽，莫得安其性命之情者，而犹自以为圣人，不可耻乎？其无耻也。

如果嫌这话过分激烈的话，我们还可以读一读庄子另一句：“与其誉尧而非桀，不如两忘而化其道。”庄子与儒生的分野，在这里非常鲜明了。

再看顾炎武，说了前面引用过的名言，继续说：

> 魏晋人之清谈，何以亡天下？是孟子所谓杨、墨之言，至于使天下无父无君，而入于禽兽者也。

深刻的思想与陈腐的老调，就这样融合在一起。他批评正始名士说：“弃经典而尚老、庄，蔑礼法而崇放达，视其主之颠危若路人然，即此诸贤为之倡也……以至国亡于上，教沦于下。羌、戎互僭，君臣屡易。非林下诸贤之咎而谁咎哉。”将政治失败归咎于庄子思想及其流绪，古今不绝于耳。如顾炎武所论，等于在说，政治游戏的失败，责任不在于游戏者，反倒在于少数不参加游戏的人。

庄子从来不曾提供实际的政治方案。当一种政治方案一而再、再而三地失败后，去抱怨不附己者，甚至将一种离开政治的方案当成政治方案来批评，未免有些无赖。

庄子的基本政治态度，用最通俗的话说，是一切权力政治，无论古今，都是黑暗的。能躲则躲，如躲不开，则虚与委蛇，反正好也好不到哪里，坏也无法更坏。而明代遗民的主流观念是，政治本来是好的，之所以变坏，是因为坏人太多，好人又不认真。这与庄子恰恰相反。

庄子的毛病在于，如果将他的主义视为实际的方针，难逃枉尺直寻、甚至苟且的责难。遗民中另一位激烈的思想者唐甄，在为钱澄之《庄屈合诂》写的序言里，提出了糅合之道。他说，庄子遗世绝物，固然高明，然而我辈心不能安，“故当以屈子之志济之，则达而不至于荡”。至于屈原，一旦不得其用，就该离家出走，从渔父于沧浪，哪里用得着哭哭啼啼，甚至自杀呢，“故当以庄子之意济之，则忠而不至于愚”。

唐甄说过“自秦以来，凡帝王皆贼也”，这意思很接近庄子了。但要另起炉灶，对他那一代人来说，太过为难，所以他仍不免像先贤一样，找不到政治出路，就找一条伦理出路，并且以此来当成政治出路，以求得一点心安。顾炎武发牢骚说，游遍天下，二十余年，看来看去，人是越来越不像人了。顾炎武的“人”，是不苟且的人，以此责天下，自然越来越悲愤，同时自己越来越心安。

人犹如此，树何以堪？宋明遗民有写山水的，有画山水的，所咏所图，用他们自己的话说，都是残山剩水。也有开朗一些的，如周密与友人游山玩水，发现风景很好，而以前“汩汩尘事，不暇领会，抑亦造物者故为是靳靳乎”？如依庄子，这两种都是自作多情，因为庄子眼中的自然界，“天地不仁”，才不会为人所动，相反，人及其活动，是自然之抽象运动的一种不幸结果。

正统儒学与庄子之学，越到政治混乱时，其间的冲突越明显。嵇康是少见的明白人，受庄子影响最深。南宋学者王应麟在《困学纪闻》里说嵇康“未尝一日事晋也，《晋史》有传，康之羞也，后有良史，宜列于《魏书》”。于是嵇康便从厌恶政治的逸民，变成了可歌可泣的忠臣义士，变成了曹魏的遗民。

说到遗民与逸民之别，人们多引归庄的话：“凡怀道抱德，不用于世者，皆谓之逸民。而遗民者则唯在废兴之际，以为此前朝之所遗也。”大约逸民是要从樊笼里逃走，遗民是不喜欢更换樊笼。逸民一词首见于《论语》，孔子在一处举了几个逸民的例子，如伯夷叔齐之伦，另一处说要“举逸民”，逸是亡失的意思，“礼失求诸野”，所以孔子要请他们出来参政，不管人家愿不愿意。

前面提到钱澄之的《庄屈合诂》。将庄子与屈原同论，大概始于文学批评，因为这两位的文字都非常华丽。至于在思想上捏合到一起，不知起于何人，也许可以追溯到唐宋一些人引庄入儒的努力吧。屈原其人，如从旧局里看去，好处在于忠，缺点在于怨。庄子也怨。陈子龙说，“二子皆才高而善怨者”，同是不得志的人，屈原不肯以身之察察，受物之汶汶，庄周则宁游戏污渎之中，以快吾志，那么，取哪一种方式呢？陈子龙说他哪种也不要，“困而不失其亨，尚口乃穷，此君子之中道也”。

“困而不失其所亨”“尚口乃穷”，都是《易传》里的话。古代类似的闪光格言有很多，各有其道理，但一旦将其运用为普遍原则，则顿时变成一种狭隘的思想。如“困而不失其所亨”，任劳任怨，用于格己，还算勉强，用以论人，则包括屈原在内的古今一大批声音，只好消失了。“尚口乃穷”也是如此。不幸的是，在古代的思想和评论环境中，代表日常智慧的格言，很少不给拿来用在所有场合封大家的嘴的。庄子书中说到的“贤人之贼天下也”，所指便包括这一类。

游　组

古代帝王中，有人喜欢将自己的一点粗浅见解，宣布为哲学，颁示天下，让人民都去记诵。权力禁止嘲笑，而没有了嘲笑，人难免狂妄。至于卫道士，看起来像是在保护一种思想，实为翼戴权力；当一个人以卫道士自居时，哪怕是身居下流，也难免因拥有想象中的特权，沾上了那种狂妄，不管说什么，都是宣示，而非论辩，至于推理、证据，自然不用费力了。韩愈自有高明的地方，但他作《原道》时，有点像未成年人，把一部纷纭万象的思想史，虚构为光明与黑暗的简单战争，并因自己在这场战争中的地位，激动起来。

韩愈论《庄子》，便有惊人之语："盖子夏之学，其后有田子方；子方之后，流而为庄周。故周之书，喜称子方之为人。"

他的意思是，孔子的门徒流散四方，各以其性情，传授孔子之学的不同侧面，而庄周者，不过是从孔子某一徒孙那里间接得了一点门道。

这一无凭无据的说法，太过离奇，不为后世所重。让人感兴趣的是，为什么韩愈要代孔子扩展门墙，难道不怕污染了儒学的纯正？也许是他一时兴起，随口说说（即庄子所谓“卮言”）；也许，韩愈虽然力辟杨墨老庄，由于庄子的文章实在是好，他对庄子还是有所喜欢的；也许在他看来，将庄子纳入孔学的旁支，是在当权者那里替庄子关说，非但不是对庄子的污辱，还是抬举呢。

即便在现代、当代，也尽有这样的人，想引入一种与现行权力对立的思想或制度，先将其粉饰为对权力没有威胁，或竟“这对你们也有好处呀”，或“你们本来是一个意思”之类，以求得容接。然而，这样的小心眼，除了“橘逾淮则为枳”，并不曾有其他成功，因为在这一方面，权力是无法欺骗的，它只靠本能，便一眼看清什么潮流是可以容忍和改造的，哪一种会动摇根基，一时的退让，不过是权宜之计，以等待思想的变质，等待人的变质。

苏轼热爱庄子，他的诗文以及思想，许多与庄子有关联，至于密切程度，人见人殊。他的《薄薄酒》首章说“生前富贵，死后文章，百年瞬息万世忙。夷齐盗跖俱亡羊，不如眼前一醉是非忧乐都两忘”，看起来像，其实并不是庄子的思想。庄子对政治社会绝望，却不曾对个人生活绝望，尤不曾对精神跃升绝望。本章诗意在古代是老生常谈，根本谈不上是一种思想。

苏轼的《前赤壁赋》中的豁达，倒有几分庄子的味道。又如“我劝髯张归去好，从来自己忘情。尘心消尽道心平。江南与塞北，何处不堪行”，全是南华口吻，差别只在没有前者的激烈和尖刻。他弟弟为他撰写的墓志铭里说，苏轼先是喜欢读贾谊的著作，后来读到《庄子》，感叹道：我心里藏着一些念头，一直找不到表述，今天读到庄子的书，可谓先得我心。既有澄清天下的热衷，又有自放江海的颓唐，古代读书人发展出的二重精神结构，有诚实的，有虚伪的，而苏轼属于为数不多的几个老实人。

他在《庄子祠堂记》里，提出了在后世颇有影响的学说。他说，庄子其实是暗中拥护孔子的，对孔子的批判是表面文章，其实一直在帮孔子说话，有些地方骂得难听，细读起来，也能察觉他的这番心意。（至于骂得实在凶的《盗跖》《渔父》两篇，不好解释，苏轼便说是伪作。）

听着像是反用老子的“将欲废之，必固兴之”之术，然而庄子为什么要这么做，苏轼没有多讲，我们则很难理解。可以设想的一种情景是，老子之说大行，被当政者立为官学，孔子之学受到压制，所以庄子阴助孔子，小骂大帮忙，意在存续绝学。然而实际情况，显非如此，儒学虽然还没有成为官学，已喧赫得很，倒是庄子自己的主张，如同自言自语，没几个人听见。

苏轼的时代，情景更是截然相反。看来，不是庄子阴助孔子，却是苏轼在阴助庄子。只是这种“曲线救庄”，无论是于施救者，还是于被救的学说，得失利害，也难说了。

南宋的叶适，批评苏轼的辩解为不得其情。叶适说庄子怨愤之切，与屈原相近，这是没错的，但他又说“庄周之罪大于诸子”，为什么呢？因为在他看来，庄子对后世的影响很坏。叶适说：

> 盖周之书大用于世者再，其极皆为夷狄乱华、父子相夷之祸。

要指责一种思想，没有比这更恶劣的论辩了。叶适所说的祸乱，有庄子之前不曾绝，无庄子之域不曾绝，即便禁庄子，中国也不会因此断绝祸乱。且叶适不是不读史之人，自春秋至他生活的宋代末年，祸乱频仍，他是从哪里看出与《庄子》书的关联的，史实何在？我想叶适写这些话时，想到的是晋室南渡之事，将西晋的败亡归咎于士人的不振作，归咎于玄风甚至庄子之学，在中国古代几成定论，连阴助庄子的苏轼，不也曾人云亦云地说“昔王衍好老庄，天下皆师之，风俗凌夷，以至南渡”？

东晋范宁的一段话可为代表：

> 王何蔑弃典文，不遵礼度，游辞浮说，波荡后生，饰华言以翳实，骋繁文以惑世。缙绅之徒，幡然改辙，洙泗之风，缅焉将堕。遂令仁义幽沦，儒雅蒙尘，礼坏乐崩，中原倾覆。

王何指是的王弼、何晏，正始玄风的开创者。范宁的这番话是典型的倒果为因。难道不是政治残酷使人心离散，转而寻找与正统相异的思想上的容身之地？难道禁绝了所有异端，天下便能长治久安？难道这些卫道士的理想社会，是每个人放弃一切权利，放弃一切思想，放弃一切生物本能，然后礼不崩乐不坏，千秋万代，稳定在无际的黑暗中？范宁以为治要的礼乐典章，要求人们的绝对遵奉，拿到权力之后，自己却没有能力维持社会的良好运行（范宁自己就曾被王凝之弹劾“肆其奢浊，所为狼藉”），并在每一次失败后，将责任推给反对者，厚颜无耻地在自己制造的废墟上自我重建。

说到庄子与魏晋士人，不能不说到嵇康。嵇康的自放，本意是想避祸，而避祸之道，他奉为“吾之师”的庄子，曾经指出“虚己以游世”的一种法子，就是“彼且为婴儿，亦与之为婴儿；彼且为无町畦，亦与之为无町畦；彼且为无崖，亦与之为无崖”。嵇康熟读庄子，怎能不知道？然而，他在《与山巨源绝交书》里写道：

> 性有所不堪，真不可强。

嵇康留下的全部文字，这一句最堪玩味。他说，“无所不堪，外不殊俗，而内不失正，与一世同其波流，而悔吝不生”，这样的“达人”境界，对他来说等于空话，因为实难做到。

“外不殊俗，内不失正”，也就是行为不堪，内心却洁净，嵇康做不到，我相信庄子也做不到，那么，到底有人能做到吗？无数人宣称自己做到了，这是诚实的话吗？我们看到一个人行为不堪，如何推断他的内心呢？有些人宣称自己内心煎迫，是真话还是开脱？郭象注《庄子》，有这样一句：“圣人虽在庙堂之上，然其心无异于山林之中。”相当于说，出处去就，甚至行为的端正与不端，都不重要，重要的是看不见摸不着的“山林之心”。这样的话，嵇康是写不出来的。戴逵说“竹林之为放，有疾而为颦者也；元康之为放，无德而折巾者也”，对中朝名士的批评是过分的诛心之论，但他说思想与行为的不一致，不可不察，确实引出了一个实际的问题。如何察而同时避免对人心的妄自揣度呢？也许只好不去察，然而，一种与行为有关的哲学如果对行为的影响不可辨识，也就等于失效了。

从正始到竹林再到中朝名士，我们看到庄子之学是如何提供伦理出路，又如何被改造。嵇康的被刑是中间的大事。庄子说“方今之时，仅免刑焉”，嵇康的时代有过之无不及，又添出名教，不停给强权制造食物。嵇康自称有七不堪二不可，后人惋惜嵇子之余，不少人说他还是不够谨慎，庄子不是这般说吗，老子不是那般说吗，山涛如何，阮籍如何，诸如此类。然而我们看嵇康自己说的九患，可有一宗是该入罪的？不去反抗那该反抗的，一味研究幸存之道，真是可悲的事业。强权看上去是择人而噬，其实如荷马笔下的波吕斐摩斯，只是随手抓来便吃掉，表面上的择肥不过是要令鱼肉于恐惧中保有希望，以为足够小心，便能在俎上幸福一生。

苏轼也是“性有所不堪”的人。然而他与嵇康、阮籍的区别，也很大了。苏轼喜读庄子书，然而他对庄子之学的认真，较某些前辈，也很不如了。他的“庄子助孔”之说，听着离奇，也是苦心孤诣，因为保卫庄子，哪怕是保卫一种被改造过的庄子，就是保卫自己的精神私有权，在那样的时代，即使士人对庄子的接受只在皮毛上，庄子之学仍是一件宝贵的武器。有了庄子，人们仍无力还手，没有庄子，则连还嘴的能力也不多了。

结语：读与不读，懂与不懂

有个广为流传的故事，说刘文典开讲《庄子》，第一句话是："庄子，我是不懂的，也没有人懂。"他还有过一句不那么广为流传的话，大意是，要谈《庄子》，只有与庄周本人来对话。

刘文典好出大言，但这两句话也没有错，前提是他所谓的"懂"或理解，是一种"至知"，如同还原庄子写作时的内心进程于自己心中，这当然是不可能的。

更不用说文本的歧义，语境的丢失。一个常用的比喻是，阅读如同与人交谈，读一本好书，如同与智者对话；我也用过这个比喻，现在想来，其实不是的。阅读，更像是听一堂随时可以离开、但不能插嘴的课。一位高明的教师，每能让学生心无旁骛，每当问题在学生心中发起时便已提供回答，但不要忘了，教师在我们心中诱导出问题，这当然是阅读或上课的最大好处，也是我们的目标，然而，缺少自己的叙述，哪怕是暂时的，都使阅读与对话有本质上的不同。

怎样才算读懂一本书，或者说，对一本书，理解到什么程度，可以合上书本了？研究者另有追求，而普通的读者，游览过作者的精神世界，看到了所看到的，疏漏了所疏漏的，最后总是要离开的。一本最好的书，装帧精美，每一页纸都发出时间深处的香味，高上的智慧，具形为五号铅字，均匀地铺陈开来，还有比这更让人着迷的事吗？然而它仍然是为一个曾经活生生的人写就，它不是自然之物，而是某人心灵活动的遗迹；一本书的全部意义和价值，它在共同经验中的地位，不可能超出个体所能提供的经验范围。我们有时会忘记，任何一本书，即使是最好的书，都是个人或一批个人的创造物。我们会觉得那是天赐之物，好像世界有秘密，作者如得天启，将呢喃之声记录下来再镌入神秘的文本，等着有人来破解。

我听人说，古书，特别是其中的几本，《周易》《周官》《老子》《孙子》之类，博大精深，你要是看不出来，那就是你不懂。对这样的道理，我无力反驳。我敢于推荐的阅读态度不过是：超出文本的“意思”是不存在的，除了共同语言，没有语言。我想象不出如何能够像程序员理解一段代码那样理解一本书或一个作者，特别是当这位作者生活在远古时代，过着我们所不了解的生活，方言浓重，或者没有，或者遵守着完全不同的写作规范，使用陌生的思想工具，处理他自己的心灵问题。

个体的隔离，不使共同经验为不可能，只使我们越发依赖于它。庄周说真正“知道”的人是不说话的，而他不但说话，还不辞辛苦地写许多文章，当道理不容易讲清时，还要“寓言十九”，借助于普通人的日常经验。

古希腊的普罗泰戈拉，有名言为“人是万物的尺度”，听起来美好，很“人本主义”，但他的意思是个体是万物的尺度，不同个体的主观感受，其合理性没有高下之分，你认为大地是球体，我认为形如茶几，在认知上都是平等的，没有一种道理可以让一个人说服另一个人。

庄子思想的某一方面，与此相似。《庄子》里说，“自其异者视之，肝胆楚越也；自其同者视之，万物皆一也”。自其异者视之，《齐物论》里有大段的讨论，如何确定自己的知识合理有效，更进一步，如何确认自己作为感知、观察的主体身份，对庄子来说，是个困扰的问题。

另一方面，自其同者视之，则“万物一府，死生同状”。这是庄子哲学中令人不安的地方，也是当代人或批评庄子为“反智主义”的原因。不妨从《庄子》书中再抄几句：“离形去知，同于大通”“绝圣弃知而天下大治”“多知为败”“故天下每每大乱，罪在于好知。故天下皆知求其所不知而莫知求其所已知者，皆知非其所不善而莫知非其所已善者，是以大乱”。

这是反智主义吗？当然不是。反智主义是对知识结构自下而上的反对，庄子的逻辑与此相反。庄子认为知识是“道”在人世间的退化，而反智主义的目标，如果按庄子的标准，显然是更进一步的退化。当然，反智主义可以援引庄子，将庄子的抽象演绎强扭为政治逻辑，把庄子的悲哀化为自己的精神暴动后的喜庆，那是谁也管不了的事，毕竟，在一个霉变的时代，什么都是毛茸茸的。

庄子自身的矛盾，给他的著作引来更多的读者，同时也引来更加分歧的理解。比如庄子对认知的态度，有时，用现在的术语来说，是经验主义，甚至感官主义的；有时，他又相信有先天知识。他有时说“知者，接也”，有时又说“以道泛观而万物之应备”。

《秋水》篇里的故事尽人皆知，但还是值得抄录一下：

> 庄子与惠子游于濠梁之上。庄子曰：“儵鱼出游从容，是鱼之乐也。”惠子曰：“子非鱼，安知鱼之乐？”庄子曰：“子非我，安知我不知鱼之乐？”惠子曰：“我非子，固不知子矣；子固非鱼也，子之不知鱼之乐全矣。”庄子曰：“请循其本。子曰汝安知鱼乐云者，既已知吾知之而问我，我知之濠上也。”

这里的关键词是“知”。“知之濠上”即承认人可以基于一般经验对其他个体进行推断。你我不是刘文典，而可以安全地认为刘文典进入不到庄子的内心；你我、刘文典都不是庄子，而都可以安全地认为《庄子》书是作者的有效表达。

苏格拉底挖苦普罗泰戈拉，说他觉得奇怪，普罗泰戈拉为什么不以猪或狒狒这类聪明的动物作为万物的尺度。逻辑上当然可以，当代的有些生物保护主义者就是这么想的——我不是一棵白菜，我怎么敢于断言白菜不能欣赏莫扎特，不会在失去生命时悲哀（当然是以白菜的方式），而竟残忍地将它切割成片，掷入热水，葬入我罪恶的胃肠？在动画片里白菜可以翩翩起舞，谁敢断言，在去掉拟人的形态之后，任何生命没有自己的仪式来发出伦理表达？

我们只拥有人的经验，没有狒狒和白菜的经验，我们甚至不知道如何将“经验”这类的人类概念移植到其他生命身上。那么，任何人一旦主张超越人类经验的伦理，不可能不在假定存有先天的“道”“神”或“精神”，不管叫它什么。庄子很多时候是持这种主张的，他的思考越深入，人越沮丧，就越发需要将生命的意义放在生命之外的什么地方，那样，他才能视自己来自直观、来自现实世界的全部知识为一种可喜的错误，至少是不完备、零碎、迷失的。因为对庄子来说，如果他在这个世界中形成的对人类生活的看法是正确的，那他的生命就没什么价值了。

而当离开纯粹幻想，与外界正常交接时，庄子会说："夫马，陆居则食草饮水，喜则交颈相靡，怒则分背相踶。"不用进入马的内心，而推断马的喜怒，不用成为一条鱼，而知鱼的快乐，庄子允许自己这样做，那么，我们阅读《庄子》，是不是也可以采取同样的态度呢？

不论我们如何感激古典作者留下的精神财富，不论其以什么样的方式汇入传统，在传统中处于什么地位，如何影响我们，以及人们是如何接受或拒斥某些影响，不论我们身处什么样的时代，不论我们如何理解自己的成就与不幸，不论我们将历史视为骄傲的源头或一张漫长的病历，一本书，无论如何就是一本书。理解一本古书，最用不着的，就是乞灵于一些宏大而空洞的字眼，比如许多夹有"文化"字样的概念，并不是它们不曾表达什么，而是这些概念长期以来一直被人们用来假装对纷繁事物的理解，越是内容丰富，越是意义空虚，最后实际上，差不多就是"不懂"的同义词。

我当然不是说《庄子》，以及其他古典著作，不是历史性的。但历史是交互性的知识，并没有一种有形的历史，悬在我们头上的什么地方等待我们，比如通过阅读《庄子》，去增进对其了解；如果我们愿意，拿起《庄子》

或《老子》，随便读读，随便想想，诸如“历史”这样的观念，渐渐地可感，渐渐地生动起来，甚至另外一些宏大概念，也不再像个无底大钱袋，而让我们觉得，原来这些概念确实是有所指的。

简而言之，读《庄子》就是读《庄子》，读《老子》就是读《老子》，是灯下的个人活动，不是什么集体性的朝向某一伟大目标的行军。人们会说，我们的个人阅读行为不是孤立的，我们接受着影响，我们制造影响，我们处于全局之中。是的，但如果我们对这种“全局”的运行至多拥有模糊的感知，似乎不急于催生可以用来计算我们行为的理论。

比如说，阅读的动机可以有多种多样。一个最实际的动机，是社交的。在别人谈论庄子时不至于哑口无言，适当地引用警句，不论是在南方高雅的茶室里，还是在北方吵闹的酒桌上，都是融入圈子，甚至增进社会地位的好办法。而且还有其他好处呢：在我看过的一部电影里，主人公很随便地把一本谢林的著作插在书包里，恰到好处地露出一截来，结果对于求偶非常有益——当然这是几乎四十年前的电影，现在再这样做，对求偶会是非常有害的。

即使这种在有些人看来是低下的动机，在知识的传播，在人类共同经验的形成，在社会结构的稳定上，也起着重要的作用，也许比纯粹的动机作用更大呢。我们不知道这里面的机制是什么，但宁可相信“看不见的手”，似乎也比诉诸“历史精神”之类的不可靠的观念，来得稳妥一些。

保守地将阅读视为个人活动，还可以省去一些时代风气的干扰。以《庄子》为例，他的相对主义本来是个人的智力展开，但在某些时代，会给移为对机会主义的辩护；庄子的出世思想，发自一种不妥协的个性，在某些时代，反倒成了同流合污者的遁地。这时读者可以想，管他呢，就是随便看看，不是针对什么，也不是要躲开什么，也不指望《庄子》里包含什么答案，我们在自己的时代中制造的问题，不用去麻烦庄子吧。

当然了，我们也没活在那样的时代。